老舗ものづくり企業のブランディング

鎚起銅器・玉川堂、香老舗 松栄堂、
京唐紙・唐長、甲州印伝・印傳屋上原勇七

長沢伸也 編

はじめに

●本書の概要

本書は早稲田大学ビジネススクール（ＷＢＳ）で開講されている講義「ラグジュアリーブランディング論」および「感性マーケティング論」で、２０１５～19年度に招聘したゲスト講師のうち、老舗ブランドのトップ４人によるゲスト講義の講義録です。

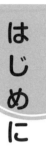

そして、〝感性に訴える製品づくり、ブランドづくり〟＝感性マーケティングや、〝高くても売れるブランド、熱烈なファンのいるブランドづくり〟＝ラグジュアリーブランディングの道を探り、これからの日本企業のものづくりやブランド構築に示唆を与える書です。

本書で取り上げる４社は、玉川堂《ぎょくせんどう》が創業二百年、松栄堂《しょうえいどう》が創業三百年、唐長《からちょう》が創業四百年、印傳《いんでん》屋《や》上原《うえはら》勇七《ゆうしち》が創業四百四十年という老舗の中の老舗です。そして、玉川堂は新潟県燕市、松栄堂と唐長は京都市、印傳屋上原勇七は甲府市と、いずれも地場企業でもあります。さらに、玉川堂の鎚起《ついき》銅器《どうき》と印傳屋上原勇七の甲州印伝は、経済産業大臣の指定を受けた「伝統的工芸品」でもあります。

一般に地場企業や伝統的工芸品産業というと、売上も右肩下がり、後継者もいない、グローバル化どころか全国区にもなれず、衰退の一途を辿っているというイメージが強いと思います。しかし、本書で取り上げる4社は元気です。しかも、その製品やブランドは「感性に訴える」「高くても売れる」「熱烈なファンがいる」「世界で通用する」という共通する特徴があります。そして、いずれも日本的な文化や感性や価値観に基づく商品開発・管理、さらには独自のブランド戦略で成功して世界に通用しています。

つまり、「日本」発のブランド創造の道筋を示しているのです。「日本」発のブランド創造こそが、日本企業の喫緊の課題であることに疑いがありません。経営者自らの言葉の迫力と相俟って、多くのビジネスパーソンのご参考になると確信しております。

●本書の成立経緯

早稲田大学ビジネススクールでは、ビジネス界と密接に連携した教育・研究に注力しており、その取組みの一環として、座学だけではなく、それぞれの立場でご活躍の実務経験者や第一線の研究者の方にゲスト講師としてご登壇いただいております。貴重なゲスト講義を限られた受講生だけが聴くのではあまりにもったいないということで、講義録として、

- 『感性マーケティングの実践――早稲田大学ビジネススクール講義録～アルビオン、一澤信三郎帆布、末富、虎屋 各社長が語る』（同友館、2013年）
- 『ジャパン・ブランドの創造――早稲田大学ビジネススクール講義録～クールジャパン機構社長、ソメスサドル会長、良品計画会長が語る』（同友館、2014年）
- 『アミューズメントの感性マーケティング――早稲田大学ビジネススクール講義録～エポック社社長、スノーピーク社長、松竹副社長が語る』（同友館、2015年）
- 『銀座の会社の感性マーケティング――日本香堂、壹番館洋服店、銀座ミツバチプロジェクト、アルビオン』（同友館、2018年）
- 『ラグジュアリーブランディングの実際――3・1フィリップリム、パネライ、オメガ、リシャール・ミルの戦略』（海文堂出版、2018年）
- 『ロジスティクス・SCMの実際――物流の進化とグローバル化』（晃洋書房、2018年）
- 『地場ものづくりブランドの感性マーケティング――山梨・勝沼醸造、新潟・朝日酒造、

山形・オリエンタルカーペット、山形・佐藤繊維』(同友館、2019年)
・『感性&ファッション産業の実際――ファッション産業人材育成機構、ビームス、山田松香木店、共立美容外科・歯科』(海文堂出版、2019年)
・『ロジスティクス・SCM革命――未来を拓く物流の進化』(晃洋書房、2019年)
・『伝統的工芸品ブランドの感性マーケティング――富山・能作の鋳物、京都・吉岡甚商店の京鹿の子絞、京都・とみや織物の西陣織、広島・白鳳堂の化粧筆』(同友館、2019年)
・『感性産業のブランディング――グランドセイコー、ファクトリエ、超高密度織物DICROS、伝統工芸ブランドHIRUME』(海文堂出版、2020年)
以上の11冊をこれまで刊行しております。

各年度でさまざまなゲスト講師をお招きしていますが、2019年度「ラグジュアリーブランディング論」で株式会社玉川堂 代表取締役社長 玉川基行氏、2018年度「感性&ファッション産業論」で株式会社松栄堂代表取締役社長 畑 正高氏、2017年度は唐長11代目当主 千田堅吉氏ならびに唐長IKUKO 代表 千田郁子氏、2015年度は株式会社印傳屋上原勇七代表取締役社長 上原重樹氏にそれぞれご登壇いただきました。講義録として12冊目になる本書は、各ゲスト講師による講義と受講生との質疑応答を収録しています。

ただし、出版に際して、講義部分および質疑応答ともに、ゲスト講師と各企業の広報ご担当様や編者による加除修正を行っています。

●各社長とのご縁

玉川堂 玉川基行社長は、ゼミ生（当時）の矢野豊子君を帯同して新潟県燕市の同社本社工房を訪問してお話を伺いました。「日本発のラグジュアリーを目指す！」という想いで意気投合するとともに、職人の方々が黙々と銅器を叩いている情熱に感銘を受けました。

香老舗 松栄堂 畑 正高社長は、京都商工会議所主催「デザイン マネジメント シンポジウム」（コーディネーター：編者、２００４年3月、金剛能楽堂）で、エルメスジャポン齋藤峰明社長（当時）、京菓子司末富 山口富藏ご主人とともに登壇いただいて以来のご縁です。このシンポジウムは好評を博しましたので、丸ごと付録に収録し、取材を重ねて三社の強さを分析した『老舗ブランド企業の経験価値創造――顧客との出会いのデザインマネジメント』（同友館、２００６年）にまとめました。あわせてご覧ください。

唐長 千田堅吉ご当主と郁子女将は、一澤信三郎帆布 一澤信三郎社長と恵美専務の推薦と紹介です。京都市中京区の同社三条両替町サロン（当時）や修学院工房を何度も訪問し大変感銘を受けました。エルメスとのコラボも実現した機会に授業にお招きしました。

印傳屋上原勇七 上原重樹社長は、『地場・伝統産業のプレミアムブランド戦略——経験価値を生む技術経営』（同友館、２００９年）を執筆する際に、甲府市アリアの同社本社・工場を訪問してお目に掛かって以来のご縁です。「息子に継げ！と言ったことはないが、もし息子が継ごうかなと思ったときに『こんなボロ会社は嫌だ』と言われないようにするのが自分の務め」とのお言葉に、こうやって四百年以上続いてきたのだと感動しました。

●おことわりと謝辞

本書の企画と編纂および質疑応答の質問部分の校正は編者があたり、講義部分と質疑応答の回答部分の校正は各講演者があたりましたが、内容や構成は編者がその責めを負っていることは言うまでもありません。また、各講演者が語った珠玉の言葉を収録していますが、話し言葉と文字とのニュアンスの差異や、間《ま》や雰囲気が伝わりきれていなかったり、損なわれていたりしたとすれば、編者の力量の限界です。また、諸般の事情により、出版まで時間が経過してしまった内容については、データを最新のものに更新しました。

本書収録の講義のうち、「感性マーケティング論」はアルビオン提携講座（当時）として実施されました。ご寄附を賜りました同社　小林章一代表取締役社長ならびに編者とともに非常勤講師として共同担当いただいた染谷高士常務取締役に厚く御礼申し上げます。

末筆になりましたが、お忙しいなか、ゲスト講師招聘に応じてご出講いただきました玉川基行社長、畑　正高社長、千田堅吉ご当主ならびに千田郁子代表、上原重樹社長に深甚なる謝意を表します。

また、各企業の広報ご担当のみなさま、特に株式会社玉川堂　佐々木愛子様、株式会社松栄堂　兵庫菜穂子様、株式会社印傳屋上原勇七　早川弘美様には、写真のご提供やご講演原稿を確認いただきました。ゲスト講義の写真撮影や録音、音声起こしの一部は、WBS長沢ゼミ生ならびにゼミOB川村亮太氏にご尽力いただきました。本書は、講義を熱心に聴講し、活発に質問したWBSの受講生の諸君があってこそです。また、同友館鈴木良二出版部長のご尽力により形になりました。ここに厚く御礼申し上げます。

本書を通じて、老舗の老舗たる所以《ゆえん》とともに、「感性に訴える製品づくり、ブランドづくり」や「高くても売れるブランド、熱烈なファンのいるブランドづくり」の実際と本講座が広く知られることとなり、さらに、これからの日本企業のものづくりやブランド構築のヒントになれば幸甚です。

2020年　滞在中のパリ政治学院にて

編者　長沢　伸也

なお、本書は令和2年度日本学術振興会科学研究費補助金基盤研究（B）18H00908の補助を受けた。

[注]

・長沢伸也編著、WBS長沢研究室（入澤裕介・染谷高士・土田哲平）共著『老舗ブランド企業の経験価値創造――顧客との出会いのデザインマネジメント』同友館、2006年

・長沢伸也編著、WBS長沢研究室（植原行洋・須藤雅恵・島田了）共著『地場・伝統産業のプレミアムブランド戦略――経験価値を生む技術経営』同友館、2009年

目次

1 創業二百年　鎚起銅器の玉川堂
――ブランディングとは、独自の世界観を構築して競争相手を作らないこと

2 創業三百年 香老舗 松栄堂
――ブランディングとは、地に足のついた歩みで自信のある日本の香りをお届けすること

目次

3

創業四百年　京唐紙の唐長
――ブランディングとは、根っこを変えずに作って売ること

4 創業四百四十年　甲州印伝の印傳屋上原勇七

――ブランディングとは、伝統はしっかり受け継ぎながらも今のお客さまに評価いただける商品を提案し続けること

1

創業二百年　鎚起銅器の玉川堂

―ブランディングとは、独自の世界観を構築して競争相手を作らないこと

ゲスト講師：株式会社 玉川堂　代表取締役社長　七代目　玉川基行氏
開催形態：早稲田大学ビジネススクール「ラグジュアリーブランディング論」〈第9回〉
日　時：2019年5月11日（土）
会　場：早稲田大学早稲田キャンパス11号館911号室
対　象：WBS受講生
音声起こし：川村亮太（WBS長沢ゼミOB）

●会社概要●

株式会社玉川堂

代表取締役社長：玉川基行

設　　立：1961年（昭和36年）７月

創　　業：1816年（文化13年）

資 本 金：1,000万円

売 上 高：４億3,750万円

従 業 員：34名

本社所在地：

〒959-1244 新潟県燕市中央通２丁目2-21

直 営 店：

玉川堂本店（新潟県燕市）

玉川堂銀座店（東京都中央区銀座）

玉川《たまがわ》 基行《もとゆき》　略歴

1970年生まれ。1993年、玉川堂入社。2003年、玉川堂代表取締役社長就任、現在に至る。

200年に及ぶ父祖の業を継承。地場産業として国内唯一の鎚起銅器産地の発展のために努力。2008年、玉川堂の店舗・土蔵・鍛金場・雁木を、国の登録有形文化財（建造物）に登録する。

【長沢（司会）】 今日は、創業二百年、株式会社玉川堂《ぎょくせんどう》　代表取締役社長　七代目　玉川基行様をお迎えしております。

無形文化財で、伝統的工芸品にも指定されている「鎚起銅器《ついきどうき》」の老舗です。２０１２（平成24）年にゼミ生（当時）の矢野豊子君を帯同して新潟県燕市の同社本社工場を見学に行き、職人の方々が黙々と銅器を叩いている情熱に感銘を受けました。ご挨拶した次の瞬間、私がラグジュアリーの先生だと名乗る前に、玉川社長が「玉川堂は日本初のラグジュアリーを目指すのだ！」とおっしゃって、ものすごく驚いたことを今でもよく思い出します。

玉川社長の机の上には、『ルイ・ヴィトンの法則』（東洋経済新報社）や『ラグジュアリー戦略』（同）など私の著作がずらりと並んでいますし、「これが経営の最新理論だ」とまでおっしゃっていただいて恐縮しております。また、私が共同通信社に寄稿して各地方紙に配信されたラグジュアリー企業の紹介記事も、新潟の地元紙である「新潟日報」に載っていて「読んだ。参考になった」と、いち早くお知らせいただいたりしました。

２０１７（平成29）年4月にＧＩＮＺＡ　ＳＩＸが銀座に開店した時、安倍首相の「新潟・燕の鎚起銅器の会社は出店していますが、私の地元の山口県の地場産業は出店していないのですね」とのスピーチがニュースで大きく報道されました。

【玉川】はい。安倍首相がそのようにコメントされました。オープニングのスピーチで鎚起銅器のことをお話ししていただき、驚きました。

【長沢】その玉川堂です。それでは早速、よろしくお願いいたします。

【玉川】皆さん、こんにちは。玉川堂七代目の玉川基行と申します。まずは、このようなすばらしい機会を設けていただき、まことにありがとうございます。

私たち玉川堂は、新潟県の燕市で200年前から鎚起銅器を製作しています。この「鎚起」という言葉ですが、〝「鎚」で「起」こす〟という意味で、一般的には「鍛金」と呼ばれています。銅を叩く行為というのは、今から約5000年前の古代エジプトが発祥といわれていて、人類が初めて使用した金属が銅といわれています。このように古くから伝わる銅器の技術を、今に継承しているのが玉川堂ということになります。

今日は玉川堂のブランディングについて、そして産業観光の話も盛り込み、この講義を機に、皆さまにはぜひ、新潟にある玉川堂の工場見学へお越しいただきたいと思っています。それではよろしくお願いいたします。

二百年にわたり受け継がれる「鎚起銅器」の技術を今に

写真１　製作工程

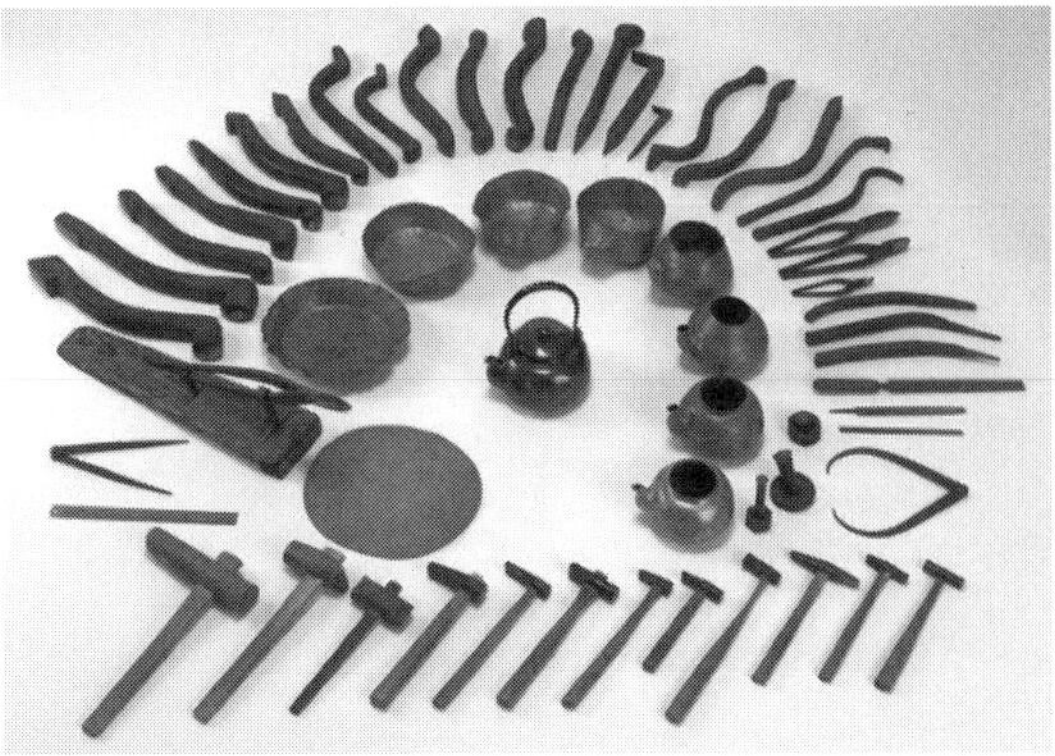

出所：（株）玉川堂

まずは、こちらの画像（写真1）をご覧になってください。鎚起銅器とは、このように一枚の銅板を叩いて、叩きながら伸ばすのではなく、実は縮めていく技法なのです。金属は叩くと伸びるイメージがありますよね。でも、鎚起銅器の技術は、銅の優れた伸展性を活かして、叩きながら縮めていきます。

このやかん（写真2）は、一枚の銅板から継ぎ目なしで注ぎ口まで打ち出していて、「口打ち出し」という玉川堂を代表する銅器です。普通、やかんって胴体と口を別々で作りますよね。この「口打ち出し」というやかんは、一枚の銅板から

写真2　湯沸

出所：（株）玉川堂

写真3　製作風景

出所：（株）玉川堂

金鎚と鳥口という道具だけで、工程に応じて何種類も替えながら、注ぎ口を打ち出していきます。

次はこちらの画像（写真3）をご覧ください。職人は素手で銅器を持っていますよね。「鉄は熱いうちに打て」のとおり、たとえば包丁の工場では、火に入れて真っ赤な状態のうちにがんがん叩きます。当然、素手で持って作業はできません。しかし、銅の場合は、冷めても柔らかさが持続するのです。だから素手で持って作業ができるのです。そして、玉川堂の銅器の特色は着色にあります。硫化カリウムなどの天然の液に浸すことによって、酸化を起こして発色させる、玉川堂が開発した世界無二の着色技法です。使うほどに色合いに深みと光沢を増していくことが特徴で、玉川堂本店には明治時代から使用している銅器など、使い込んだ銅器がたくさんあり、新品と使い込んでいる銅器を見比べることができるのですが、その色合いの違いに、皆さんが驚かれます。

日々磨く、現代の職人としての感性

玉川堂本店は新潟県燕市にあり、建物は国の登録有形文化財に登録されておりまして、明治末期ですから約100年以上前の建物になります（写真4）。玉川堂の始業は午前8時30分ですが、7時45分から朝の掃除を行います。私は店舗内の雑巾掛けをするのですが、日本家屋は雑巾掛けすると色合いが深まり艶も出てきます。これはまさに銅器と一緒ですね。朝の掃除は先祖代々への感謝の気持ちや、お客さまをお迎えするためでもありますが、最もアイデアが浮かぶ時間なのです。雑巾掛けという単純作業が、脳に何か働くのでしょうか。これは朝の掃除を10年くらい行って気がついた感覚ですが、朝の掃除は、ものを考える時間としても大切にしています。

今、玉川堂の職人は22名いまして、そのうち女性が7名です。平均年齢が39歳ですので、高齢化が問題になっている伝統工芸の世界では相当若い年齢層になります。毎年50人前後

写真4　玉川堂本店

出所：(株) 玉川堂

の就職希望者があり、そこから1名か2名を採用します。最近の傾向として女性が多く、応募の約9割は女子学生なのです。銅を叩くことを鍛金といいますが、大学で鍛金を教えているところが多くなって、最近は鍛金を学んだ学生の希望者が多いですね。でも10年前はほとんど就職希望者がなく、1年に1人応募があればよかったくらいです。でも、最近は本当に入社希望者が増えました。人材難といわれる時代に、これは本当に喜ばしいことであると思っています。

次に社員教育です。毎週水曜日に英会話の勉強をします。そして隔週の木曜日は書道、隔週金曜日はデッサンの勉強をします。いずれも、主に若手職人が対象で行っています。英会話ですが、これはまた後ほど説明しますけれども、工場見学される外国人の方がかなり多くなってきました。そこで、職人が自分たちの仕事を英語で説明できることも、これからの職人に求められる大事なスキルの一つだと思っています。書道の教室は、銅器の技術だけでなく、違った日本の文化を学ぶことも大切と思い、地元の書道の先生をお招きしています。作品を収納する箱書きをする時にも役立ちますし。デッサンは高校や大学の時に学んだ若手職人が多いですが、職人になっても続けるべきだと思うのです。デッサンは絵の上達というよりも、ものを見る目を養うためのもので、ものを見る目を養えば、商品開発力も変わってくると考えています。

終業後、午後5時半以降は工場を職人に開放します。職人に銅板を原価で与えて、銅を自由に叩かせるようにします。これは昔から玉川堂に伝わる風習で、人の育成にとってとても大切なことなので、私の代でも積極的に奨励しています。入社1年目の職人は、仕事内では着色とか下準備などが多くて、入社2年目以降になって、やっと金鎚を持つことができるようになります。でもこの5時半以降は、入社1年目でも自分で作りたいものを自由に作れる時間なのです。新人はベテランから花瓶などのシンプルな形状の器の作り方を

写真5　木目金花瓶

出所：(株）玉川堂

教えてもらったり、逆にベテランは展覧会に出品するための作業を行ったりと、作業の目的はさまざまです。職人からアーティストに変わる時間でもあり、ベテラン職人と若手職人がこういった感じで切磋琢磨して技術を学び合っているというのが、終業後の工場の日常です。

私の叔父である玉川宣夫は、金属加工の街・燕三条で初めて人間国宝に認定されましたが、やはり、この5時半以降の時間を使って作品製作を行い、「木目金」（写真5）の技術を極めていきました。木目金とは、銀や銅などの複数の金属を何十枚も重ねた金属塊を叩いて板状にし、板の状態で部分的にえぐり出してから器状に叩いていきます。そのえぐった部分が金属の層として現れ、まさに木目のような文様に仕上がります。江戸時代から伝わる伝統技法ですが、宣夫が世界の第一人者となり、人間国宝に認定された契機にもなりました。宣夫の長男は私のいとこで同い年ですが、玉川堂の職人として働いており、やはり5時半以降の時間を使って木目金の技術を継承しています。

私も入社して8年間くらいでしょうか、その5時半以降や休日を使って展覧会出品の作品を作っていました。新潟県内にはいろいろな工芸の公募展があって、年3回くらいは出品していました。私の弟が専務ですが、先ほどの宣夫の長男たちと一緒になって作品を作っていましたね。作品製作に没頭することって時間の経過も早く感じて、ランナーズハイのような感覚になります。

栄光と苦境、二百年の歴史を受け継ぐ

次に玉川堂の歴史に移ります。その前に、燕三条はなぜ金属加工産地として発展していったのか。それは、江戸時代初期に「和釘」が製作されたことがきっかけになっていま

す。

燕三条には信濃川とその分流である中ノ口川という川が流れていて、数年に一回は洪水を起こして、その度に農作物が濁流に流され、農民の貧困は深刻でした。それを見かねた当時の代官が和釘作りを奨励して、見よう見まねで釘を作り始めたのですが、ちょうどその頃、全国のお城の建築ラッシュであったり、江戸の大火などで需要が急増したのです。農家の人たちは、洪水ばかりで生活ができないと、和釘職人になろうとする人が次々と出始め、燕三条はあっという間に全国一の和釘の産地になったのです。それで、燕三条に金鎚を持つ習慣が生まれました。その後、金鎚を活かした製品を作っていこうと、燕は銅細工を作り始め、そして三条は刃物を作り始め、それぞれ異なる産業形態になったのです。

そして、玉川堂の創業ですが、1816（文化13）年です。私が玉川堂七代目になりますが、初代はこのような「鍔《つば》やかん」（写真6）を作っていました。ここのところに鍔《つば》がありますが、釜があって、そこに嵌《は》め込むためのやかんです。この銅器の技術は、仙台の渡り職人によって伝えられ、初代の玉川覚兵衛によって受け継がれました。創業当時は近所の方々の日常生活道具を作っており、当時は工芸作品という感覚ではありませんでした。燕市の近郊に弥彦山という山があり、この弥彦山が銅山だったのですね。そこで銅が

写真6　鍔《つば》やかん

出所：（株）玉川堂

安定的に採れたことによって、燕の地で銅器の産業が根付いていったのです。仙台の渡り職人が燕に来たのも、弥彦山から銅が採れて、銅細工で金鎚を持つ文化があったので、その情報を知って来たのでしょう。玉川家も銅器を製作する前は、三代にわたって銅細工の製作をしていたといわれています。

そして明治時代。当時われわれのような工芸関係者にとって、明治政府の誕生は大きな転換期でした。地場産業品を海外の博覧会へ出品させることで、地場産業を発展させようという政策を打ち出したのです。そこで、なぜか田舎の銅器屋である玉川堂にも声が掛かって、玉川堂の二代目の時に、海外博覧会に出品しようと決断したのです。当時は日常

写真7　海外博覧会出展作品

出所：(株) 玉川堂

生活銅器しか製作していなかったので、その技術力では博覧会へ出品しても通用しないと感じて、即戦力として東京の彫金師などを燕の工場へ招聘し、工芸作品を製作するようになりました（写真7）。

1873（明治6）年のウイーン万国博覧会への出品に始まり、多数の海外博覧会へ出品し、1876（明治9）年のフィラデルフィア万国博覧会では、最高賞を受賞するまでに技術力を高めていったのです。その技術力が認められ、明治天皇の代より皇室のご慶事の際には、玉川堂製品を献上するようにもなりました。このように明治政府の海外博覧会出展の政策によって、玉川堂だけではなく、ほかの工芸産地も技術力を上げたという背景があります。

とはいえ、栄光だけではありません。玉川堂では代々、幾度かの廃業の危機もありました。明治時代に海外事業を開始しますが、為替の影響や銅器を積んだ船の沈没などで財産を失い、さらに燕の中心部のほとんどを焼く大火があり工場を全焼したりと、いつ倒産してもおかしくない状況にあったのです。これは玉川堂三代目の時です。そして、これは全国のどの老舗企業も同じかと思いますが、昭和恐慌の影響によって廃業の危機となり、玉川堂の多くの職人は、土木作業を行って日銭を稼いでいました。当時、玉川堂四代目だった当主は、今の東京芸大である東京美術学校を卒業していて、芸大の先生になろうかと本気で考えていたみたいです。

さらに戦時中は、金属回収令によって銅が手に入らなくなり、アルミを叩いて製造をつないでいました。そして大戦中の1943（昭和18）年から45（昭和20）年。この2年間は廃業の危機ではなく、実際に廃業しました。当時は私の祖父である五代目が当主でしたが、その間も金鎚を持つことにこだわり、職を失った銅器以外の燕の職人も集めて、軍用飛行機の胴体を叩いて製作していました。そう考えると、うちの祖父って、根っからの職人だったのですよね。戦後、祖父は離散した職人を数年がかりで呼び戻し、銅器製作を再開しましたが、その後、銅の価格が急騰して、またも廃業の危機に見舞われました。戦後復興した後、また廃業した銅器屋も出たみたいなのです。

私は1970（昭和45）年生まれで今年（2019年講演時）49歳になります。玉川堂の入社は1995（平成7）年で、大学卒業後すぐ会社に入りました。最低3年くらいは商社などに勤めて、そこから玉川堂に入ろうと思っていましたが、父は「会社が危ない状況だから、どこも勤めないで営業の最前線として会社に入ってほしい」と。たしか大学3年の夏休みだったと思うのですけれども、大学では経営学を学んでいたので、決算報告書の読み方は理解していましたが、初めて実家の決算報告書を見た時、「もうこれは危ない！」と（笑）。

当時は学生なので、公開されている上場企業の決算報告書しか見ていなかったので、もう絶句した記憶がありますね。これが地場産業の現実なのだなと。これはもうすぐにうちの会社に入るしかないと思いました。父は私に、「大学の時は会社のことは考えずに、大学の時にしかできないことをやれ」と言っていました。でも、私は大学4年の時は、会社に入ったらここを変えようとか、けっこう会社のことを考えていましたね。状況が状況なので、かなり不安を感じていた学生生活でした。でも卒業が近づき、入社が近づくにつれ、

「会社を変えてやろう！」と希望に満ち溢れるのですよね。不思議と。

売上の最盛期は１９８０（昭和55）年頃で、そこから売上が３分の１にまで減少し、まさにいつ倒産してもおかしくない状況にありました。私が入社したのは１９９５（平成７）年の３月でしたが、その前月の２月に従業員を半分解雇したのです。もはや限界が近づいていたので、やむを得ない判断でしたが、父は本当に苦しい判断をしたと思います。私は入社してすぐ役員になったのですが、もうとても給料をもらえる身ではないので、役員報酬は当面というか、１年間は月５万円にしました。でも私は実家暮らしだったので、十分な給料でした。

当時を知る職人からその時の様子を聞くと、自分たち残された職人は、もう後がないと、本当に張り詰めた空気だったといいます。父とはその辺りの話は極力触れないようにしていたのですが、叔父と一緒にお酒を飲んでいた時に、解雇した職人たちは、以前は寮があって住み込みで働いており、もう家族同然の付き合い。そんな子供のように可愛がっていた職人たちを半分も解雇する辛さを涙ながらに話していて、なんか、これからほんと、自分ががんばらなければいけないなって、すごく思いました。

流通改革の断行と生まれ変わるものづくり

当時、売上のほとんどが新潟県内の企業などの記念品製作でした。しかし、時代とともに企業の記念品の予算は減らされ、もしくは無くす傾向になってしまい、バブル崩壊前から売上は減少していったのですが、もうバブル崩壊後は決定的でした。

まさに経営の面で、大きな舵取りが必要なタイミングだったわけです。当時、玉川堂で作った製品は、地元の問屋に卸していたのです。そこからさらに百貨店問屋へ卸され、ようやく百貨店の店頭に並びます。当時の売れ筋は、茶器もありましたが、花瓶とか額とかの置物が中心でした。贈答品として受け取った側も、実際に使うことはあまりなかったと思うのですよね。店頭に並ぶまで2つの問屋が間に挟まり、その分だけ価格が上がってしまい、しかもお客さまの顔が全く見えない商売のため、お客さまの声が、玉川堂へ全く届いていなかったのです。だから、新しく何を作れば売れるのかもわからなかったのです。

そこで私は、問屋を外すという判断を下し、今まで取引していない全国の有名百貨店と直接取引することを決意しました。流通経路をカットすることで、できるだけお客さまの声を聞きたかったのです。問屋を外すというのは、燕三条の金属加工の産地では商売道徳に反しています。燕三条で作った金属加工製品というのは地元の問屋に卸すのが当たり前なのです。玉川堂も問屋の存在のおかげで広く全国へ流通された過去があって、玉川堂は問屋のおかげで成り立った会社でもあるのです。ただ時代も変わって、このまま問屋へ卸していたら、玉川堂の廃業は時間の問題と思いました。

自分の代で玉川堂の歴史を閉ざすこと。これは、どんなことがあっても絶対にしてはいけないと。もう周りからは何を言われようが構わないという気持ちでした。ある種、問屋を切るなんていうのは、大学出たての世間知らずだからこそできたことですよね。これは、地元で長い付き合いの輪の中で事業を続けてきた父では絶対にできないことです。今思うと、父も地元の商習慣で八方塞がりになり大変だったと思いましたね。でも、これが地場産業の現実なのです。地場産業を活性化していくためには、この商習慣を抜本的に変えていく必要を感じています。

私が入社して半年くらい経ってからですかね、高島屋さんには問屋経由で玉川堂製品は渡っていたようなので、今まで取引のなかった三越さんとか伊勢丹さん、大阪では阪急さんなど、銅器片手にアポなしで売り込みに行きました。ホテルを1泊予約して、当日か翌日どちらかの日に行けば売場責任者がいるだろうって思いました。タイミングよく、売場責任者と話ができました。そして「すぐ常設で展示することは難しいけれども、1週間売場を貸すので販売をしてみて、そこで実績が出れば常設で置いてもよい」という話を取り付けたのです。

その半年後ですが、入社ちょうど1年経過した1996（平成8）年の春、たしかゴールデンウィークだったと思います。新宿の伊勢丹さんで初めて実演販売会を行いました。実演販売ですので、職人を燕の工房から百貨店に連れていかなければならないのですが、当初はみんなから反対されました。「何で玉川堂の職人が東京の百貨店へ行かなきゃいけないんだ」って感じで。問屋を切ることも、それこそ従業員からも反対されました。

25年前というのは、百貨店で実演というのが、まだあまり定着していなかった時代だったのです。そんななかで私の叔父が、「基行（私）の言うことだからやろう」って言ってくれて、新宿伊勢丹さん近くの1泊5000円ぐらいの一番安いビジネスホテルに泊まって、1週間実演販売をしました。新宿で5000円なので、もう掃除も行き届いていない汚いホテル。でも、当時は学生上がりなので、それほど苦に感じませんでしたが、私の叔父は相当我慢したのではないかって。叔父には本当に感謝しています。

当時は何を作ったら売れるかというのがわからなかったので、今考えてみると商品構成はメチャクチャで、しかもどう商品を並べていいのかもわからず、それを見かねた伊勢丹のバイヤーや売場の女性販売員の方などから、「新潟はお酒が有名だから、ぐい呑を作ってみないか」とか、「ビールカップを作ってみないか」とか、いろんなアドバイスを受けました。

半年後、それをもとに製作したぐい呑とビールカップを実演販売会で並べたところ、とても好評で、次々と売れたのです。それを購入したお客さまが再度ご来店されて、「お酒の味がまろやかになるよ。銅で飲んだほうが美味しいよ」って言ってくれたのです。で、早速試してみると、たしかにガラス製と銅器のぐい呑で飲み比べると、明らかに味わいが違うのですよね。それを百貨店のバイヤーへ報告したら、「それなら、次の実演販売会（半年後）は、ガラスと銅で飲み比べの試飲会を行いましょう」ということになって、半年後の実演販売会で実施すると、前回以上に売れ、それ以降、試飲会は定番になったのです。

さらに翌年、今度は6月第3週の父の日に向けて贈答用にターゲットを絞り、販売商品はすべて酒器（写真8）だけの酒器イベントを開催しました。すると、まさに狙ったかのように父へのプレゼントとして娘さんが購入するケースが多く、さらに自分用としても購

写真８　酒器

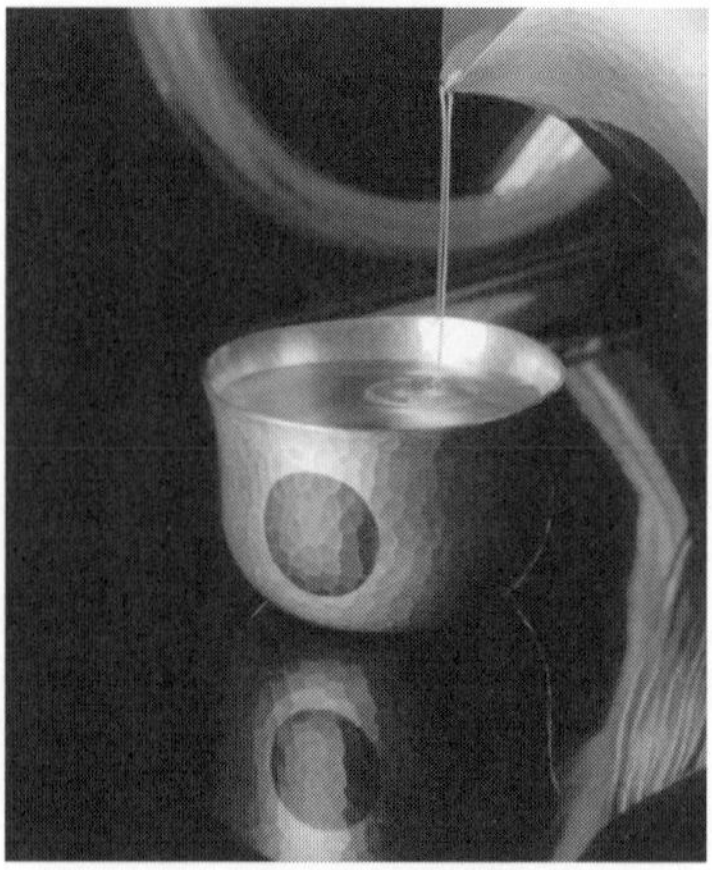

出所：（株）玉川堂

入され、それ以降、父の日に向けたイベントは毎年の恒例となりました。ちょうどその頃、「父の日」というのが定着し始めた時期でもあり、父の日に玉川堂製品が売れるなんて、入社当時、全く発想になかったことでした。

それ以降、ワイン関連としてワインクーラーやワイングラス、紅茶やハーブティー向けのティーポットやティーキャディーなど、お客さまの声をもとに、毎年百貨店にて新商品を発表していきました。最近のヒット作品といえば、女性職人が自分でデザインして、自ら製作を行った手のひらサイズのフラワーボウル（写真９）で、これは一個３万円で、昨年（２０１８年）は３００個ほど売れました。今までの花瓶といえば、大振りのものがほとんどだったので、女性職人は「玉川堂には私たちが欲しいと思える花瓶がない」と言ったのです。じゃあ、だったら自分たちが欲しいと思う花瓶を作ってみたらどうかと女性職人でチームを作り、これが今や人気商

写真9　フラワーボウル

出所：(株) 玉川堂

品となっています。まさにプロダクトアウトの考え方ですよね。

こちらのコーヒーポット（写真10）も最近のヒット作品です。使っていただくとその良さが本当にわかっていただけるのですが、とにかく機能性が抜群なのです。コーヒー大好き職人が趣味が高じて製作したもので、やはり商品開発というのは趣味の延長でないと、お客さまの満足度を超えるものはできないなと、あらためて感じました。こちらは模様にもよりますが、一台15万円くらいです。（一同驚く）

玉川堂の製品を買われる方って、比較的富裕層の方が多いのですが、このコーヒーポットに関しては、コーヒーが趣味のサラ

写真10　コーヒーポット

出所：（株）玉川堂

リーマンの方が求めるケースが多いですね。今まで数千円のコーヒーポットしか買わなかった男性が、衝動買いでいきなり15万円のコーヒーポットを買われるのです。男性の趣味や道具へのこだわりを満足させる存在感が、鎚起銅器のコーヒーポットにはあるのですよね。銅器は落として、へこんだとしても、また叩いて直すことができます。このような説明を職人が自らお客さまにして差し上げるのですね。修理を通しての作り手との長い付き合いも、玉川堂の銅器の一つの特徴といえます。

世界ブランドとのコラボ企画もありました。LVMH（モエ ヘネシー・ルイ ヴィトン）グループのシャンパンブランド『クリュッグ（KRUG）』です。日本の代理店からコラボ企画の打診があり、シャンパンクーラーを開発しようということになりました。

こちら（写真11）をご覧ください。シャンパンが着物を着ているイメージです。フランスと日本の文化の融合を表しています。限定生産でしたが、フランスを中心に高級レスト

写真11　KRUG のシャンパンクーラー

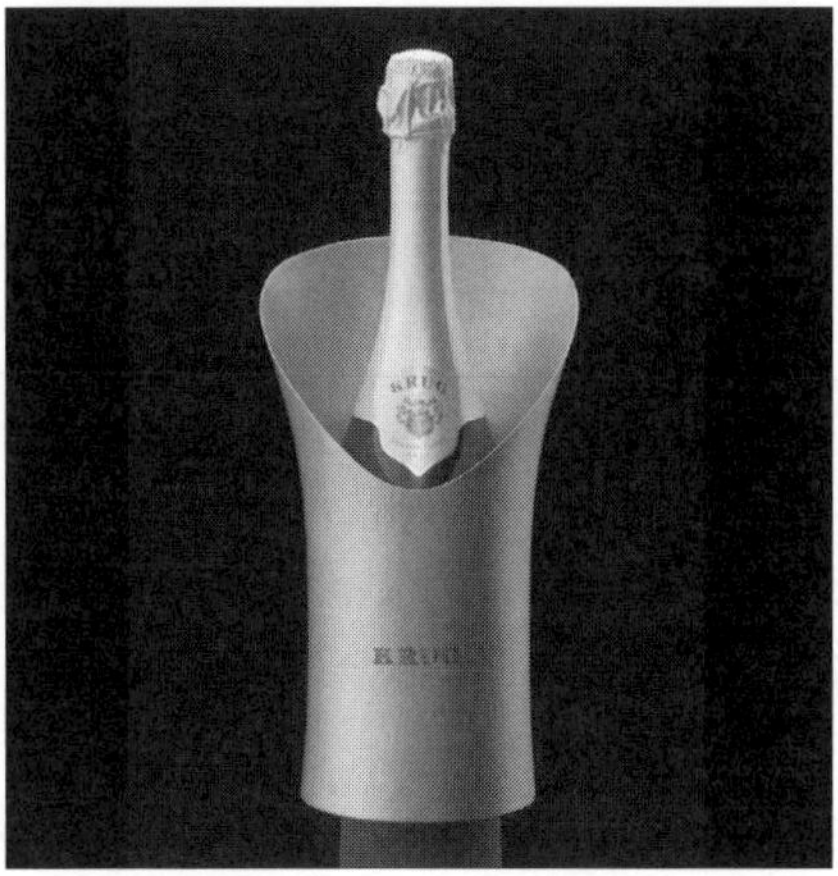

出所：MHD モエ ヘネシー ディアジオ（株）

ランなどで使用されています。スイスの時計メーカー、ピエール・ジュノーもその一つです。文字盤を鎚起銅器にして、スイスの精巧な時計の機能を合わせて作ったのが、この腕時計（掲載省略）です。

あと、日本のブランドでは、自動車のマツダさんです。マツダさんはデザインの力でブランド力を高め、世界的権威のカーショーで最高賞を取るなど、そのブランディングに注目が集まっていますよね。マツダさんは、日本のものづくりの精神が車のものづくりの根底にあるとし、伝統工芸に着目して、玉川堂へお声掛けいただいたのです。マツダさんのデザインコンセプトは「魂動」といい、これを鎚起銅器で表現

写真12　MAZDAのデザインコンセプト「魂動」を表現した鎚起銅器

出所：(株) 玉川堂

したのがこちらの鎚起銅器（写真12）です。3年前にイタリアのミラノサローネという、有名なデザインの見本市があり、そこでマツダさんの新車とコラボ企画の銅器を発表しました。

最近、玉川堂は茶園を持つようになりました。静岡県牧之原市の老舗で、カネジュウ農園さんという生産者に委託管理していただいて、そのお茶葉は玉川堂の直営店で販売しています。銅器に最も相性の良い日本茶葉の栽培によって、銅器を核にした日本茶の新しい文化の創造を目指しています。お茶葉の焙煎を強くすることによって、銅イオンと反応し、お茶がとてもまろやかになることがわかったのです。飲んでみると、本当にまろやかさが違うのですよね。直営店では、銅器を買われたお客さまには玉川堂茶園のお茶葉もお勧めし、より美味しいお茶のひとときを提案しています。

玉川堂の歴史と価値を世界に伝える

さて、次は玉川堂の海外展開についてお話しします。

私は1995（平成7）年に入社し、社長になったのが2003（平成15）年、32歳の時です。今後は国内だけでなく、海外市場も開拓したいという想いがあり、ちょうどその時に新潟県とか、燕商工会議所が海外見本市に出展するという企画を打ち出して、そこに参加し、海外見本市に出展しました。

かれこれ10年以上連続で出展しましたが、最初の数年はほとんど反応はなかったですね。以降、少しずつ成果が出始めたのですが、なかでも今も取引があり、大きなビジネスにつながったのが『BORK（ボルク）』というロシアで有名な高級家電ブランドです。金メッキや銀メッキを施し、数十万円もする家電が人気を集めています。直販体制にこだわり、ショップをブティックと呼び、ロシア富裕層の顧客とのコミュニケーションを大切にしながら販売を行っており、そのロシア富裕層の方々に玉川堂製品をご紹介していただいています。このＢＯＲＫの社長とパリの見本市で知り合い、その経営姿勢と社長の情熱に惚れ込み、取引が始まりました。

取引開始後は、年に一度ロシアを訪問し、ブティックの店長やスタッフに銅器の取り扱いやメンテナンス、お茶の淹れ方などの研修時間を取ってもらうなど、銅器の理解のためのコミュニケーションを大事にしてきました。ロシアは紅茶が中心ですが、お茶が盛んな国なので、今は日本茶もロシアへ輸出されていますね。本当に親日家が多い国で、今後も多くのロシアのご家庭で銅器を使ってお茶を楽しんでほしいと思っています。

次に中国・上海です。煙波《えんぱ》という高級小売店と取引しています。世界の高級工芸品を扱い、日本の工芸品もたくさん取り揃えています。中国に日本の鉄瓶を広めた立役者でもあります。玉川堂製品も煙波さんのおかげで、中国市場にて広く認知されました。10年前から取引がありますが、最近は取引額が減っています。輸出に伴う関税などの関係で、現地での販売価格が日本の倍以上になるのです。冒頭に紹介したやかん（写真2）は国内価格で60万円ですが、中国では１５０万円くらいで販売されています。

中国の富裕層の方は頻繁に日本に来ていて、倍以上するなら日本で購入しようという風潮が生まれ、私たちの東京の直営店で購入していかれます。煙波さんにとっては困った事態ではありますが、中国との取引によってそんな現象が生じているのです。そのほか、ニューヨークやパリ、韓国などでも取引がありますが、圧倒的にアジアの方々からの人気が高いですね。

玉川堂の海外取引の条件を説明します。海外取引の契約内容として決めているのは、完全前金制にするということです。まず注文時に20％の入金をいただきます。そして納品前に80％の入金をいただきます。それで100％の入金をもらった段階で商品を発送します。玉川堂の製品は職人の手が一つ一つにかかるため、仕上がるまでのリードタイムが長く、しかも一度に作れる数には限りがあります。そうやって時間をかけて仕上げる製品ゆえのリスク回避のために、この取引条件は必ず提示します。ただ、この条件は日本の地場産業でもなかなか難しい内容だと思います。しかし、玉川堂のブランディングにもつながると思っているので、ブランドを守り、かつブランドとしての自信を表明するという意味も込めて、製品が仕上がる前の段階的な支払いというのを取引の必須条件としているのです。

あと、日本円での入金ですね。レート変動による日本円換算の損失回避のため、必ず日本円で入金してもらいます。そして、日本語優先の契約書です。契約書の内容は必ず玉川堂で作ったものをベースにします。もちろん英語やロシア語でも作成しますが、もし裁判沙汰になった場合は必ず日本語を優先してもらいます。

玉川堂のブランドを演出する展示も条件です。先ほどのロシアのＢＯＲＫさん、上海の煙波さんもそうですが、ほかのブランドとは分けて、玉川堂単独で高級感ある展示ブースを用意してもらっています。そして、年に一回の玉川堂のイベントと研修会を開催しています。現地の玉川堂のお客さまを集めた食事会とかトークイベントなどを企画します。

海外の取引先も、毎年担当者が替わることがあるので、玉川堂の製品を海外の方々にちゃんと愛着を持っていただくためには、理解につながる説明が必要なので、玉川堂のイベントの際には、お客さまと接しつつ、販売担当の皆さまにもお会いし、商品説明の機会を設けています。

私たちが作った銅器を、私たちのお店で、私たちが丁寧に販売する

玉川堂のコーポレートスローガンは「打つ。時を打つ。」です。これは、職人が丹精込めて銅器を「打つ」。それをお客さまからご愛用いただいて「時を打つ。」つまり、時を刻んでいただく、という意味になります。職人は金鎚で銅を打ちますが、それをお客さまから愛着を持ってご使用いただき、時を打っていただかなければ、銅器は成長しません。銅器は職人が仕上げた状態が完成ではなく、仕上がった時点では生まれたての赤ん坊です。それをお客さまが時をかけて日々使うことで深く味わいのある色に、つまり大人に仕上げていただきたい、というのが私たちの願いであり、その想いがコーポレートスローガンに込められています。

そして、こちら（写真13）は玉川堂のロゴマークです。「大鎚目」という金鎚で叩いた鎚目を表現しています。この大鎚目は何百回と同じ場所を叩いて少しずつ面を作り、大小のバランスを見ながら仕上げていきます。とても手間ひまのかかる鎚目なのです。最近の量産型銅器で、機械の力で鎚目を入れる銅器もありますが、この大鎚目は機械力では表現

写真13　ロゴマーク（大鎚目）

出所：（株）玉川堂

できません。玉川堂職人の技術を象徴するものであり、その鎚目を玉川堂のシンボルとして、そのままデザインしました。

また、パッケージはロゴマークの刷新を機に、白で統一しました。この白いパッケージ（写真14）は、実は花嫁衣装をイメージしています。職人が銅器を作り上げる過程は、まさに命を育てるような気持ちであり、その銅器をお客さまの手にお渡しする気持ちはまるで、手塩にかけた我が子を手放す気持ちに近いものがあります。ですから、我が子がお客さまとともにこれから長い年月を歩み始めるその門出として、始まりを表す白い花嫁衣装としての白いパッケージに包んでお渡しするのです。

写真14　パッケージ（箱）

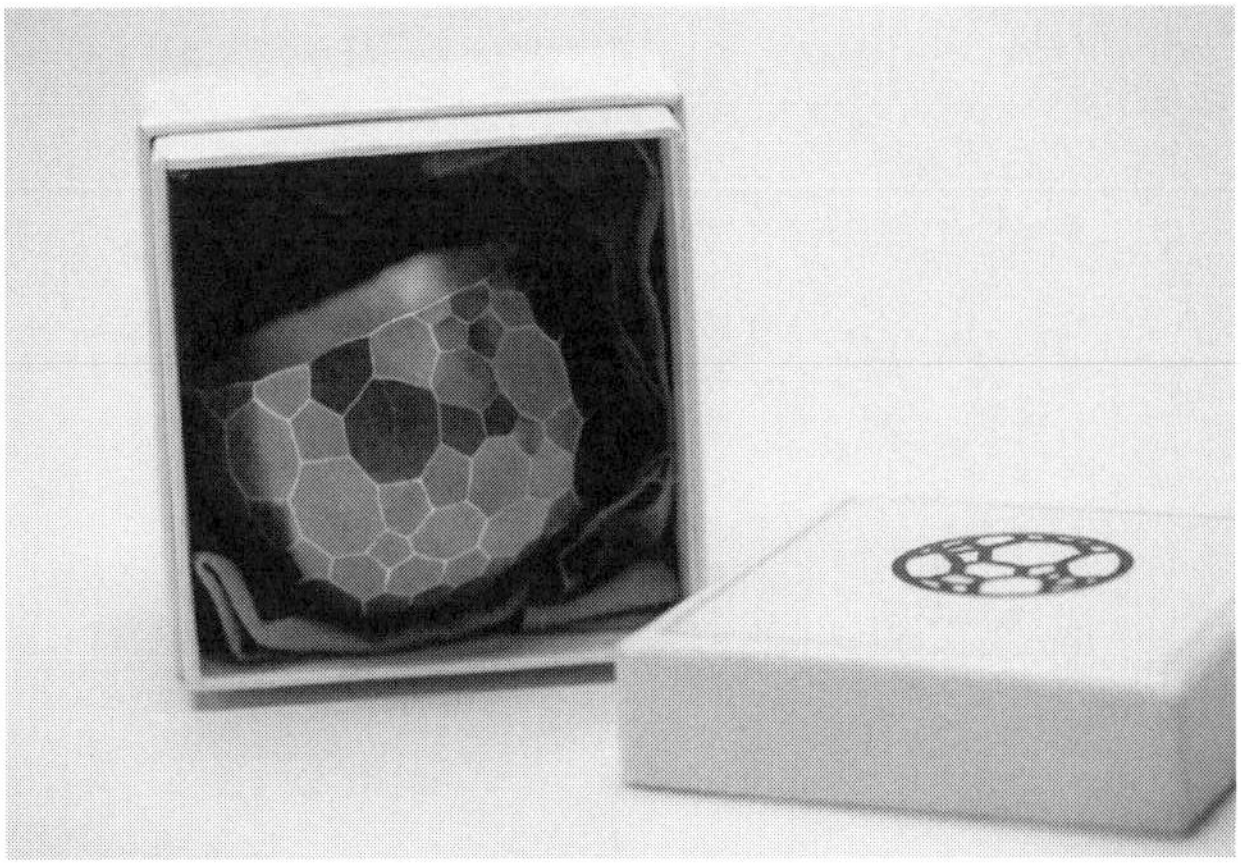

出所：（株）玉川堂

昨年（２０１８年）11月ですけれども、そのロゴマーク入りのパッケージが、トップアートアジアという、アジアを対象としたパッケージデザインを表彰する賞に選ばれました。２０１６（平成28）年の創業２００周年記念事業の一環で、新しいブランドイメージを作っていこうと、ロゴマークやパッケージデザインなど、ＢＩ（ブランドアイデンティティ）を一新させました。やはり百貨店の紙袋や包装紙にくるまれている以上は、自分のブランドじゃないと思ったのです。玉川堂の紙袋と包装紙に包まれて、玉川堂のスタッフが心を込めてお客さまに手渡すことがブランディングにおいて重要であると思います。

「打つ。時を打つ。」このコーポレートスローガンを遂行していくためには、玉川堂職人が製作した銅器は、玉川堂スタッフの手で、直接お客さまへお渡しすること、つまり、百貨店から脱却し、東京での直営店を実現させ、完全直販体制を築くことが必要不可欠と思いました。入社当時、問屋ビジネスを廃止しましたが、今度は百貨店ビジネスを廃止しようと。当時、玉川堂の売上の約70％が百貨店だったので、この百貨店売上を無くしていくことは、それこそ経営上、大きなリスクを伴います。それでも百貨店の実演販売会は2012（平成24）年にはすべて廃止し、百貨店の常設売場での販売も縮小していきました。

最初の東京直営店は2014（平成26）年の青山店ですが、この青山店出店によって、新規開業予定の商業施設からお声が掛かるようになり、2017（平成29）年には銀座6丁目のGINZA SIX4階に玉川堂銀座店も開店しました。

GINZA SIXから声が掛かったのは、青山店を開店してから3か月くらいだったので、まだ直営店体制が不安定な状態です。それこそ周りの反対を押し切って決断しました。ただ、決断しても肝心の取引銀行に反対されました。融資額は青山店以上なので、銀座がコケれば玉川堂もコケてしまうということで、銀行の担当者もさすがに驚き、支店長を私の会社へ連れてきて銀座出店撤回を促されました。もう融資を受けることを前提で準備を進めていましたが、それでも何とか融資の許可が下り、開店へこぎつけることができました。

昨年（2018年）の玉川堂の売上に占める百貨店の割合は3％にまで減らし、残りの97％は直営店売上や海外売上などです。ここ10年間で売上の構成を大きく変化させました。私は「ブランディングとは流通経路の短縮」だと思っています。問屋依存から脱却し、百貨店からも脱却。そして、メーカーのあるべき姿は直営店での販売であり、メーカーが責任を持ってお客さまへ直接商品をお渡しすべきだと思っています。玉川堂とお客さまとの関係を最も大切にできるのは、私たちが作った銅器を私たちのお店で私たちが販売することだと。

「打つ。時を打つ。」は玉川堂のコーポレートスローガンであり、玉川堂の根幹を成すものです。そして、次の言葉を玉川堂スタッフと共有しながら直営店事業にあたりました。それは、「私たちが作った銅器を、私たちのお店で、私たちが丁寧に販売する」というものです。「銅器」の部分は付け加えましたが、実はルイ・ヴィトンのスローガンなのです。ルイ・ヴィトンは1981（昭和56）年に銀座に初めて直営店を設けました。私はブランドを研究するために、それこそ長沢先生の本をはじめ、いろいろなブランド研究の本を読

写真15　玉川堂銀座店（横から）

出所：（株）玉川堂

んだのですが、とあるルイ・ヴィトンの本を読んだ時、そこに書いてあったスローガン、「私たちが作った製品を、私たちのお店で、私たち店員が丁寧に販売する」。これは、今の玉川堂にぴったり当てはまる、と思ったのです。この言葉は1981年、ルイ・ヴィトンが日本進出の際に掲げたコンセプトでした。それまで日本ではあまり馴染みのなかったルイ・ヴィトンでしたが、その年以降、破竹の快進撃を続けました。

玉川堂銀座店はGINZA SIXの4階にあります。こちらの画像（写真15、16）をご覧ください。内装は全部銅板でできています。銀座で直営店を設ける以上、

写真16　玉川堂銀座店（正面から）

出所：(株) 玉川堂

一見して玉川堂と認知していただき、世界に発信するブランドとして他のブランドがやっていないことをやりたいと思って、内装はすべて銅板にしたのです。約120センチ×40センチの銅板を約400枚叩いたのですが、職人だけでなく、私も含め営業や事務スタッフなど普段銅を叩かないスタッフも一緒になって叩いたのです。ですからこれは玉川堂史上最大の作品でもあるのです。ぜひ皆さまもご来店いただいて、この玉川堂の世界観を感じていただきたいと思っています。

現在、銀座店には5名のスタッフがおり、私たちは「クラーク」と呼んでいます。5名のうち1名は中国人スタッフです。銀座店は順調に売上を伸ばしていて、クラークに恵まれました。やはり人材が大切であると、つくづく感じています。銀座店の採用の条件としてビジネス英会話は必須ですが、中国人観光客のご来店が多いので、全員が中国語教室へ通って語学スキルを高めています。やはり中国人のお客さまへ対して母国語で説明するのは説得力が違いますね。また、説得力という点では、鎚起銅器という独自の製造工程を、知識のみでなく実際に体得しておくことがとても大切です。そのために銀座店のクラークは、毎月交代で燕の工場で実際に職人と一緒に作業を行いながら現場研修を行っています。

一方、職人は、自分たちが作った製品がどう店頭に並んで、どう販売されるのか、ということを知ることによって、製品を見る眼を養う必要があります。そのため、毎月交代で銀座店で実演を行って、直接お客さまとコミュニケーションを図るなかで、使い手のストレートな声に触れる機会を設けています。

私には弟がいまして、専務兼工場長として現場を管理統括しているのですが、入社後8年くらいは職人として技術を習得し、先ほどお話ししました流通改革のタイミングで、営業として主に全国の百貨店で実演販売を行っていました。彼の販売を見ていると、職人としての経験値というのが土台にあるので、お客さまへの説得力や理解度、それに伴う満足度はやはり違ってくるのですよね。製販一体体制の利点を生かして製造と販売の垣根を無くしていき、企画→デザイン→製造→販売という一連の流れを、全スタッフが対応することが大切になっていきます。

隣国に広がる茶文化を知り、鎚起銅器の価値を伝える

さて、話題を変えまして、コーヒーとお茶の世界の年間消費量についてです。

世界のコーヒーの年間消費量は約900万トンです。これは10年くらい横ばいの状態が続いています。一方、お茶の年間消費量は約580万トンです。これは10年前に比べると、倍に増えているのです。これは主にお茶文化の盛んなアジアに富裕層が増えて、お茶の消費が増加していったのが要因の一つに挙げられます。一方、コーヒーのほとんどは欧米で消費され、約90％も占めており、アジアではあまりコーヒーは消費されていません。ただ、お茶は世界中万遍なく消費されています。

お茶の消費量は、アジア新興国の所得の伸びによって、さらに消費量の増加が予測され、

10年後にはコーヒーの消費量を超えるともいわれています。今後の世界のお茶のマーケットは大きく拡大し、それに伴って茶器の需要も拡大していくものと考えられます。日本のお茶業界も、近年、輸出量に大きな変化が見られます。日本茶の輸出額は２０１８（平成30）年で１５３億円です。15年前の２００３（平成15）年はわずか15億円でした。なんとここ15年で10倍になっているのです。日本茶は世界的に認知度が高まっており、愛好家も増え、今後の世界市場において大きな需要が見込める業界です。

次は、お茶の文化の違いを説明します。たとえば、日本と中国では違いがあります。日本のお茶は相手にお茶を飲んでいただく、つまり、お客さまをもてなす文化で、比較的女性がお茶を淹れる傾向にありますよね。でも中国では、自分自身でお茶を淹れ、美味しいお茶を楽しむという文化なのです。しかも、圧倒的に男性がお茶を淹れ、自分で楽しみます。そうなると、男性は趣味が高じて、高い茶器を求めるようになるのです。

鎚起銅器の技術は中国で発展した文化ですが、日本の伝統工芸は、基本的に元は中国の文化です。今、中国人は自国の文化を見直す機運が高まっていて、日本の伝統工芸の人気が高まっています。中国では日本の鉄器がブームになりましたが、ブームにはそのような背景があるのです。お茶を楽しむ人は中国だけでも約６億人といわれ、高級茶器を求める層は、そこからかなり限定はされるものの、それでも市場規模は極めて大きいものがあります。これは中国に限らず、香港、台湾、シンガポールなど、中華系の方が多い国や地域に同様の傾向が見られるので、玉川堂に限らず、日本の伝統工芸業界は、積極的に市場開発すべき地域といえます。

玉川堂の銀座店では、売上の約70%が外国人向けで、その多くは中国を中心としたアジア系の方です。冒頭で説明した胴体と口を継ぎ目なしで作る「口打ち出し」というやかんがよく売れるのですが、このやかんの場合、最低でも60万円します。高い技術を結集し、唯一無二の技術的な価値を高めたものに目を付けてくださいます。購入する方も、やはり男性が多く、自分の趣味を満たすための道具として、とても喜ばれています。

昨今、お茶の愛好家がＡＳＥＡＮの富裕層にも急激に拡大しており、また、ＡＳＥＡＮはお茶文化のみならず金属器の文化も根付いており、玉川堂向けの商圏と考えています。さらに、ドバイやエジプトなど中東も同様に、古来からお茶と金属器の文化が根付いている地域で、こちらも有望な地域になっていくでしょう。

中国には年間90回、大規模なお茶博覧会があり、アジアを中心に世界のお茶バイヤーやお茶愛好家が集結します。私が社長に就任した２００３（平成15）年から10年以上、欧米の見本市に出展してきましたが、今後は中国のお茶博覧会の出展にシフトして、アジアのお茶愛好家へ向けて玉川堂の認知度を高めていく方針です。なかでも高級ブランド、高級品を扱うお茶博覧会に出展し、お茶愛好家のコアな玉川堂ファンを確実に構築していくことが、これからの玉川堂の海外戦略となります。

最高の製品、最高のおもてなしを目指して

次に玉川堂の中長期経営計画についてお話しします。

まずは今後3~5年の「中期計画」から説明します。国内では関西に直営店がないため、関西に1店舗直営店を設けます。現在は燕と東京のみの直営店展開のため、国内の販売地域に偏りがあります。5年ほど前まで、髙島屋さんや阪急さんなどの百貨店で取引を行っていましたが、今は取引を行っていません。東京以上に売上の良かった時期もあったため、関西のお客さまからも、引き続き、銅器をご愛用していただきたいと思っています。

そして、アジアに営業の拠点を設けます。自由貿易の香港が候補となりますが、中国本

土や台湾なども検討しています。先ほどお話ししたとおり、玉川堂製品は中国を中心としたアジアのお客さまが多く、年々アジアの売上比率が高まっています。ショップ設置による販売機能ではなく、お客さまとのコミュニケーションを図ることが目的の営業所です。高級ギャラリーでの玉川堂イベントや玉川堂主催のお茶会などを企画してお客さまとの交流の機会を設けたり、ご購入いただいた製品の修理対応をしたりするという感じですね。さらに、燕や東京の直営店でご購入いただく流れも構築していきます。

次に、10年後までに達成する「長期計画」について。2030年までに玉川堂ビジネスとして定着させていく事業です。コーポレートスローガンの「打つ。時を打つ。」をより具現化していくために、燕本店に産業観光型施設を設置し、世界中の方々から燕本店へお越しいただくことです。玉川堂の世界観をしっかりと体感していただく場ですね。自分たちが海外に行ってビジネスをするのではなく、逆に海外から燕本店へお越しいただくビジネスです。

そのおもてなしの場として、玉川堂ミュージアム、玉川堂カフェ、玉川堂オーベルジュなどを検討しています。ミュージアムは歴代作品だけでなく、玉川堂職人の個展会場としても提供したいですね、これは。今までにないミュージアムのあり方を考えていきたいです。カフェは銅器体験型で、銀座店のような内装で、実際に銅器を体験してその価値をより深く認識していただく場として。あと、オーベルジュ。これは食や宿泊など、異業種への参入となるためハードルは高いですが、実現したい施設ですね。

フランスではワインの生産者がオーベルジュを所有していることは珍しくなく、生産者が食と宿泊施設を提供して、ワインへの愛着、そしてその地域への愛着を感じていただく場を提供しています。それがフランスワインの文化として定着しているのですよね。すばらしいことです。この考え方を玉川堂にも持ち込みたいです。玉川堂だけでなく、日本の地場産業の新しい文化にもしていきたいですね。お客さまとの関係性を深める最高の手段は、オーベルジュだと思っています。1日1組などに限定し、銅器に囲まれた空間の中で、玉川堂の情熱が凝縮された食と宿の場を提供していきます。

私は1970（昭和45）年生まれで、来年（2020年）が50歳。その10年後の2030年はちょうど60歳です。これらの産業観光施設は、その時までに完成しているのではなく、60歳の時までに、玉川堂のビジネススタイルとして定着させていくことが目標であり、私が描く長期計画の最終形です。世界中の玉川堂のコアなお客さまを、おもてなしの心でご対応し、最高の思い出をご提供したい。10年後は、東京や関西に営業所として残しつつも、直営店は燕本店に集約し、玉川堂売上のほとんどを燕本店で作っていくことが、七代目として、私の代での成すべきことであると考えています。

玉川堂のブランド戦略としては、「最上級、最高無比」を目指すということです。日本の伝統工芸だけでなく、世界中のブランドの中でも、とにかく玉川堂はその中でも最高級、最高無比を目指すということ。そして高価格への挑戦もこれからの玉川堂に大切な考え方になります。

唯一無二の価値として、玉川堂の職人の技術力を製品に注ぎ込みたいです。先ほど60万円のやかんが主力商品といいましたが、今まで最高額で500万円のやかんもあります。これから1000万円とか、場合によっては億単位の玉川堂製品があってもいいと思っています。究極のプロダクトアウトの概念で、作り手が自身の技術に誇りを感じ、徹底したこだわりを製品に注ぎ込むのです。お客さまの期待以上のものを作り続けることがブランド力につながり、これはマーケティングは全く関係なしの世界であり、そういった世界を構築させることがブランドなのだと思います。

玉川堂は長沢先生の指導のごとく、ラグジュアリーブランドを目指しています。長沢先生の本は熟読して経営の参考にしており、私の経営の教科書になっています。そのラグジュアリーブランドを目指すにあたり、これは造語ですけれども、「絶対的非代替」の考え方が大切だと思っています。世界中の方々に、玉川堂製品の買物のために、わざわざ日本にお起こしいただける店舗。つまり、世界中の方々から、たとえ遠くても、たとえ高くても、わざわざ燕のお店に行って購入したい、お客さまにとってかけがえのないブランドになるよう、尽力していきたいです。

私たちの日常そのものを観光資源に

そこを目指すために、燕三条の事業にも積極的に参加しており、私は「燕三条を国際産業観光都市へ」というビジョンを掲げています。燕本店だけではなく、燕三条全体を盛り上げるためには、燕三条全体で同じ意識を持つ会社の方々とともに汗を流すことも大切だと思うのです。

なかでも社内の大切な事業として取り組んでいるのが工場見学イベントである「燕三条工場の祭典（写真17）」です。６年前からやっていて、今年（２０１９年）で７年目にな

写真17　燕三条工場の祭典

出所：（株）玉川堂

ります。毎年10月第1週目の木曜から日曜の4日間開催されます。この燕三条工場の祭典の実行委員長はうちの番頭がやっています。玉川堂が実行委員長をやりつつ、燕三条を国際産業観光都市にしていこうと。

昨年（2018年）の祭典は109の工場が参加しました。この工場という言葉、工業の「工場《こうば》」だけじゃなくて、購入する場と書いて小売りの「購場《こうば》」とか、耕す場と書いて農園の「耕場《こうば》」も参加し、工業、小売業、農業など、さまざまな業界が連携して実行委員会を形成しています。

初年度の来場者数は1万人でしたが、昨年（2018年）は5万3000人でした。特筆すべきなのは、若い人が多いのです。

20代、30代の若い人が全体の41%となっています。新潟県外の方も多くて、40%を占めています。職業別でいうと製造業の方が22%で、工場の祭典を自分たちの地場産業でもやりたいという視察の方が多く見受けられました。数年前からここ新潟県内でも、十日町の織物や五泉のニットなどで工場見学のイベントを行うようになっており、工場を開放するイベントが増えています。

工場見学の本質とは、「裏側を見てもらう」ということです。裏も表も一緒です。裏側にこそ本質があり、それは日常に対する自信と自覚だと思っています。あと、工場の香りを感じてもらうことですね。工場の空気感を感じてほしいのです。

今、ネットや動画配信が発達し、映像で臨場感を感じ取り、何となく行った気にもなりますが、やはり現場を生で見ることに勝るものはありません。そこには今の時代に失われつつある五感というものを、工場ではフル稼働で感じることができるのです。たとえば、火の熱とか、炎の色とか、叩く音とか、プレス機械の音とか。この感覚を通した経験そのものにある価値が、見学を終えた時に人の心に実感として残る。これって、今の時代にとても大事なことだと思うのですよね。

工場見学の場所においては、「生産者は表現者」になります。作り手が自らの仕事を自らの言葉で表現して伝える。職人の言葉って最も説得力があると思っています。営業マンが机上の言葉でいくらお客さまへ伝えても、職人の生の言葉には敵いません。職人の経験を土台にした言葉はお客さまにとって一番説得力があるのです。職人こそ、最強の営業マンです。お客さまには工場を見学していただき、製品の価値をわかっていただくことが、購入後も末長くご愛用していただくことにつながっていきます。燕三条にはこのような興味深いものづくりの会社が本当に充実しているのです。燕三条工場の祭典、今年（２０１９年）は10月３日から６日まで開催します。ぜひ皆さんへ来ていただきたいというふうに思っています。

この工場の祭典をきっかけに、いろんなシナジー効果が生まれてきました。工場の祭典で小売業や農家の方の参加によって、燕三条の業界が一体感を持てましたし、そこからさらに飲食店や商店街などとも連携するようになり、今まで燕三条を点でＰＲしていたものが、線としてＰＲできるようになったのは大きいですね。共存共栄の精神がとても強い街になったと思っています。

あと、近郊の旅館との連携も生まれています。燕三条には越後長野温泉があり、さらに周辺には弥彦温泉、岩室温泉、湯田上温泉などの温泉もあって、温泉としての産業も盛んな地域なのです。温泉で宿泊された方が燕三条の工場を見学したり、逆に燕三条の会社のお客さまを温泉へ紹介したりと、お客さまの相互紹介が最近頻繁に行われています。私も海外出張後の休みなどを使って日帰り温泉を楽しんでいますが、本当にいい温泉ばかりですよ。よろしければ、温泉宿のご紹介をしますので、その節はぜひ私へご一報ください。

あと、工場を開放することによって、地元の方々が地場産業の価値を再認識するきっかけになっていることです。たとえば、工場の隣に住んでいる方でも、何を作っているか案外わからない人が多いものです。玉川堂は日曜祝日以外、工場見学が可能なのですが、燕三条の方や近所の方が玉川堂に入ろうと思ってもなかなか入れないようですね。でも、工場の祭典になると気軽に入ってきます。これはどの工場も同じことで、地元住民が工場見学をすることによって、地元の価値を再認識するきっかけになり、地域愛を育むことにもなると思うのです。

新潟の若者は、高校を出ると東京の大学へ行き、そのまま東京で就職するケースが多いです。東京都民の先祖をたどると、10分の1が新潟県人といわれています。私の同級生も同じようなケースが多いですね。実は最近の傾向として、燕三条工場の祭典を見て、東京の大学へ入ったけれども、燕三条へ就職したいという学生が確実に増えてきています。玉川堂でも工場の祭典をきっかけに就職をした職人がいます。燕三条の魅力を伝える意味においても、工場を開放することはいかに重要かということがおわかりいただけたかと思います。

外務省の海外拠点事業として「ジャパン・ハウス」が世界3か所で開館しました。ロンドン、ロサンゼルス、サンパウロの3都市です。このジャパン・ハウスをきっかけに日本に興味を持っていただいて、世界中の人々から日本に来ていただく、産業観光の切り札になる施設であると思っています。昨年（2018年）の9月6日から10月28日まで、ジャパン・ハウス ロンドンの開幕第1番目の企画が、実は燕三条イベントだったのです。3年ぐらい前に、ジャパン・ハウスの方々が燕三条工場の祭典の見学へお越しいただき、これをロンドンの市民に見せたいということで、燕三条に決まりました。

ジャパン・ハウス ロンドンは、もともと百貨店があった場所ですので、ロンドンの一等地です。1階は全国の地場産業の製品を販売し、地下にイベントスペースがあり、ここで燕三条の製作道具や製品などを展示するイベントを行いました。毎週、燕三条の職人が交代でロンドン入りし、ワークショップを開催したりと、多くのロンドン市民に燕三条を体感していただく、とても良い機会になりました。

開館初日はウィリアム王子がご来館され、私はウィリアム王子へ銅器の説明を行いました。前日から厳戒な警備態勢が敷かれ、緊張感漂う雰囲気でしたが、とても気さくにお声掛けいただき、オーラを感じるとても紳士的な方でした。その時は日本の麻生副総理も隣にいらして、本当にすばらしい思い出となりました。

この燕三条工場の祭典によって、玉川堂の本店の来店者数は年々増加傾向にあります。2012（平成24）年当時は年間600人程度でしたが、昨年（2018年）は約6000人と6年間で10倍に増えたことになります。6000人のうち、外国人の方は600人、ちょうど10分の1くらいですね。先ほど毎週水曜日に若手職人中心に英会話教室をやっているといいましたが、もともとは玉川堂の英会話教室を担当した先生が、今、玉川堂の営業担当として働いていて、そのまま英会話教室を継続しています。カナダ人で、10年前から日本に来ていまして、学校の先生などをしていたのです。

私が産業観光に着目したきっかけになった出来事があります。それは、シャンパンブランド・クリュッグ六代目との出会いです（写真18）。前にご紹介しましたように2011（平成23）年にクリュッグとのコラボ企画でシャンパンクーラーを発表しましたが（写真11参照）、その取材でクリュッグ六代目が玉川堂の工場見学をされました。その時、工場

写真18　KRUG 六代目と

出所：(株) 玉川堂

や働く職人の姿を見て、涙ながらに感動されていたのです。

　その半年後、逆にクリュッグ六代目から、今度はフランスのシャンパーニュ地方の中心、ランス市にあるクリュッグの本社とブドウ畑に、私が招待されました。このブドウ畑を見て、今度は私が涙を流すほど感動したのです。フランス人にとって、玉川堂や燕三条の工場のものづくりの現場が涙を流すほど感動する場であり、逆に日本人にとってクリュッグのブドウ畑とか、シャンパーニュ地方のブドウ畑の壮大な光景でブドウ農家の人々が一生懸命働いている姿は、涙を流すぐらいの感動を呼ぶものなのです。

そこで思ったのが、実際その地域へ行き、一生懸命ものを作っている姿、そのものを見せることが、これからの地場産業のあり方であると確信したのです。何か新しいことを作り出すのではなく、今ある光景をそのまま見せるのです。世界中の方々に燕三条の工場見学をしていただきたい、燕三条の職人たちの情熱を感じ取っていただきたい。それが燕三条の発展、ひいては玉川堂の発展につながるということを、本当に強く感じた体験となりました。

五感で感じる「時」の価値が人を集める

次に、インバウンド数の傾向と産業観光の展望です。

近年、世界の旅行者数は急激に増加しています。世界のインバウンド数、２０１７年は13億人です。２０３０年には18億人になるといわれています。世界のインバウンド数ランキングで２０１７年のデータでは、フランスが８７００万人、スペインが８２００万人、アメリカが７６００万人、中国が６１００万人、イタリアが５８００万人。新興国の経済成長とか世界各国の観光振興策によって、海外旅行客数は増加しています。日本は12位です。フランスから比べると相当少ないですね。ただ、フランスは陸続きに対して日本は島国のため、単純に比較はできませんが、でも今、日本は政府主導で観光立国を目指しています。

日本のインバウンド数ですが、昨年の2018年が3100万人でした。政府目標として10年後の2030年、6000万人を目標にしていますが、個人的な感覚としては、10年以内に達成する数字と思っています。「超広域商圏」の時代が到来し、日本には外国人の観光客が来るという感覚ではなく、商圏が広がっていくという感覚になると思っています。地方の街にも、外国人観光客が普通に歩いているような感じですね。

今は「モノ消費からコト消費へ」といわれていますよね。10年前からの「ゴールデンルート」と呼ばれている、東京から京都、京都から大阪という旅の流れで、大都市を中心に爆買いブームが起こりました。いわゆる「モノ消費」です。現在は名古屋、高山（岐阜県）、松本（長野県）、金沢（石川県）などを結ぶ「サムライルート」をはじめとする、全国の各地域を結ぶルートが人気になっています。これは日本の文化を体感する旅で、「コト消費」といわれています。そのサムライルートは、今、すごいことになっています。昨年（2

018年)、出張で高山市へ行きましたが、特急列車は高山へ行く外国人観光客で満席で、高山駅に着くと彼らが一斉に降り、そしてホーム待ちの外国人観光客が一斉に乗り込む。高山駅に着いた瞬間、この光景には本当にびっくりしました。高山市の人口は9万人に対し、年間の外国人観光客は50万人で、人口より外国人のほうが多いのですよね。また、先日、越後湯沢のスキー場でスキーを楽しみましたが、8割方が外国人のスキー客で、近くの商店街にある飲食店も外国人で満席。まさに、モノ消費からコト消費へと移行していることを体感しました。

そして、コト消費の次は「トキ消費」の時代が到来すると考えています。これは人と人との繋がりを深める旅で、お客さまと作り手の繋がりを深める旅です。つまり、10年後は本格的な産業観光の時代が到来すると思っています。これも私の造語で「匠ルート」と勝手に呼んでいますが、つまりは地場産業を巡る旅で、工場や農家など生産者へ直接会いに行く旅です。地場産業はさらに高付加価値の製品を目指すようになりますが、そうすると生産者の露出の機会も増し、モノと当時に、これからは人にも焦点が当たっていきます。そうなればおのずと、お客さまは生産者へ会いに行きたいという欲求が高まります。たとえば、包丁職人とか、野菜農家とか。いわば、その地域の生産者とともに、「時」を共有したいという欲求が生まれてくると思うのです。

玉川堂でいえば、まさにコーポレートスローガン「打つ。時を打つ。」です。お客さまと「時」を共有することで、モノの「時」を一緒に育むことにもつながっていくと思うのです。これは環境負荷の低減にもつながり、モノは使い捨てではなく、愛着を持って使うという、日本古来の文化を復活させることにもつながります。将来、地場産業製品は生産者から直接購入する時代になり、そのモノを通して、まさに「時を打つ。」時代が到来するものと考えています。

そうなると、地場産業において「食」の重要性がますます高まっていきます。この食に関しても、地場産業ならではの、その土地土地の食を、さらに明確に打ち出す時代になっています。世界中の方々から、地場産業との関連性の深い地域の食も楽しんでいただく。地場産業と食は、紐を解くと必ず結びつきがあり、セットで考えるべきものと思っています。

今、料理業界は世界中からその地域のシェフへ会いに行く時代にもなっています。人と人、お客様と生産者が直接触れ合う旅。体験型観光を常に提案していく地場産業に、これから多くの外国人観光客が訪れていくと思っています。観光力は人間力に比例すると思っており、これからは、街全体を挙げて外国人をおもてなしするという意識を持たないといけない時代です。日本の情報が世界へ届き、世界中から日本を見る目が多角化しており、日本に来る理由もますます多角化していきます。なので、これからの旅は団体ではなく、その人個人の欲求を満たす、個人の旅がテーマになっていきます。ツアーではなくてきめ細やかな個人仕様の旅ですね。産業観光時代、トキ消費時代の到来を見据え、これからより一層、全国の地場産業と切磋琢磨していきたいと思っています。

燕三条が産業観光都市化を目指すためには、新潟県全域で産業観光化を進めていくことも重要になってきます。新潟県のインバウンド数は、全国26位です。ただ、その多くは冬場のスキー客で、12月から3月で65%を占めます。なので、海外からのスキー客がいなければほぼ最下位なのです。

でも、新潟は伝統工芸の宝庫です。新潟の伝統工芸産地数は16産地あって、京都が17産地なので、新潟の伝統工芸は京都に次いでナンバー2なのですね。それだけ工房も多く、観光資源がまさに点在しているような状態です。酒蔵、米菓、ニットなど地場産業も盛んで、酒蔵の数は全国ナンバー1です。新潟の地域資源を掘り起こして、新潟の魅力を再認識する。10年後、本格的な産業観光時代を見据えて、地域の垣根を越えて、新潟県内でもさまざまな産業で連携することが求められており、結果、それが新潟県の経済力の向上につながっていくものと思っています。私は、共存共栄のまちづくり、そして、共存共栄のものづくりをしていきたい。生産者は表現者となり、生産者とお客さまのコミュニケーションこそ、地域創生のカギと思っています。

地場産業は、ラグジュアリーブランドを目指せ

最後に、私は事あるごとにいうのですが、「伝統とは革新の連続」です。よく「伝統」と「伝承」は同じような解釈をされがちですが、私としては反対語であると思っています。伝承は技術を受け継ぎ、代々同じことを繰り返すこと。しかし、伝統は技術を受け継ぎながら、日々革新を繰り返していくことです。

しかし、今の日本の伝統工芸の多くは「伝承工芸」になってしまい、技術の伝承のみに注力され、経営がおろそかになっています。ほとんどの工房で売上が減少、そのため後継者を育成する余力もなく、受け継がれてきた日本の伝統工芸技術が衰退しており、なかに

写真19　「ラグジュアリーブランディング論」受講者と記念撮影

出所：早稲田大学ラグジュアリーブランディング研究所

はすでに失われている技術もあるのです。その傾向はさらに強まっていて、これは本当に喫緊の課題です。経営とものづくりは両輪で進めるべきものので、どちらか一方が回っていないと前には進めないのです。

これからの時代、地場産業メーカーは、ラグジュアリーブランドを目指していかないと、その技術の継承も危ぶまれます。私たち玉川堂も、しっかり「伝統」といわれるような会社にしていきたいと思っていますし、そのためにはラグジュアリーブランドとして成長できるよう、一層の努力を続けていきたいと思います。

本日はお招きいただきまして、ありがとうございました。（拍手）

質疑応答

【長沢（司会）】 ありがとうございました。玉川社長をお呼びするといって、詳しく説明しなかったけれども、この「ラグジュアリーブランディング論」の授業にあまりにもピッタリで、受講生の皆さんは驚かれたのではないでしょうか。

私の授業「ラグジュアリーブランディング論」で、ルイ・ヴィトンとか、ヨーロッパのラグジュアリーブランドはヨーロッパの地場産業、伝統産業なのだと。それにひけを取らない日本の地場産業、伝統産業がみんな斜陽でつぶれかけているのは大きな間違いだと。ラグジュアリーブランドになれる要素を持っているのだと。

結論めくけれども、日本の地場、伝統産業は何が足りないのか。地場産業の社長が目指さないからですよ。ラグジュアリーを目指して志を持って戦略を実行していく想いが足りないというのが私の持論なのだけれども、それを体現しているのが玉川社長だとあらためて思いました。

【若原（質問者）】 若原と申します。本日はすばらしいお話、ありがとうございました。

たくさん質問したいことがあるのですけれども、時間が限られているので。とはいえ、2つか3つご質問させていただきたいのですが。(笑)

まず一番感銘を受けたのが、すべてのお話に一貫して人間力の大切さをアピールされているなと感じました。たとえば、すばらしい職人が営業マンになれるとか、彼らが表現者になるとおっしゃった内容とか、観光のお話の時も人間力のお話がありました。

たとえば、ご自身の会社で、表現者の件だとか企業理念とか、何か浸透する教育というか、その辺でこだわっていらっしゃることがあるのかというのが気になった一つ目です。

【玉川】ご質問がたくさんあるようですので、一つずつお答えします。(笑)

年に数回、東京のスタッフも集めた全体会議を行います。コーポレートスローガン「打つ。時を打つ。」の話から、中長期経営計画や事業計画などについて1時間ぐらい話をしまして、ビジョンを共有します。その後は、報告できる製造現場の案件について職人が発表する場を作っています。つまりここでも表現者になるのですよね。話すことによって想いを伝えていこうという、表現する勉強の場にもなると思うのです。このような会議の場でも、表現をするというところを大事にしています。

【長沢】工場に行くと、「口打ち出し」というやかんの注ぎ口も、職人が穴を叩いて尖らせているのね。工場へ行くと皆さん、耳栓をしてカンカンカンカンって黙々と叩いていて、その方がそうやって想いをしゃべるということですよ。だから、工場の黙々と叩く姿を見ていると、余計に職人の説明には感銘を受けます。

【若原】 2番目の質問です。「五感に訴える商品」とおっしゃいましたが、玉川社長の中で「五感に訴える商品」という定義、あるいは何かこだわりがあるところというものがあれば教えてください。

【玉川】 五感というのは、それこそインターネットではなかなか五感には伝わらないものです。玉川堂のスタッフの説明を聞いたうえで買っていただきたいと思っているのですが、それは画像を見ただけとか、問屋などを通して購入されると、丁寧に扱われないことがあると思うのです。それって結局、私たちが伝えたいことが伝わっていないからなのです。「五感に訴える」というのは、私たちの想いや価値観を目の前で丁寧に伝えることで、初めて成せることだと思っています。

さらに、より五感に訴えるならば、自分が作ったものを自分で説明することが一番伝わると思っています。つまり、ものが生まれる工程は職人の中に経験としてあり、それを本人の言葉で伝えることで、目の前の商品が生き生きとしたものになってくるのです。そういう五感に訴えるような商品を、職人が自分で売っていくというところを、この10年間でやっていきたい。そういう意味で、五感という言葉を使っています。

【若原】 あと、扱っていらっしゃる商品のストーリーのお話で、完成した商品を売ったところが完成ではなくて、お客さまがそれからまた成長させていくというお話でした。それは玉川社長が新しくお考えになったストーリーなのか、それとも、もともと代々そういう価値観のもと、商品を作られていたのかというのを教えてください。

【玉川】 玉川堂で昔から使われている言葉で「命」という言葉があるのです。「命」という字は、「人」が「一」枚を「叩」くと書きます。人、一、叩くと書いて命なのですね（写真19）。

だから、命を込めて作っていく、この命をお客さまからしっかりと育てていただくということが、私たちにとって、とても大事なことなのです。

でも命って、外国人の方にはなかなか伝えにくいのですよね。だからそれを「打つ。時を打つ。」をコーポレートスローガンとし、それを見える化したのがロゴマーク（鎚目）なのです。お買い上げになった外国人のお客さまからも、命ある器を育てていただき、そして、銅器とともに時を刻んでいただきたい。つまり、時を打っていただきたい。そのよ

写真20 「命」を説明する玉川社長

出所：早稲田大学ラグジュアリーブランディング研究所

うに思っています。

【直江（質問者）】 直江と申します。御社ご発展の中で、クリエイティブが重要だったかなというふうに思いました。具体的に2点です。一つ目は会社のロゴマークです。あれもモダンなデザインで、おそらく最近作られたかなと思ったのですけれども。あともう一つがＧＩＮＺＡ ＳＩＸのお店ですね。あれも全部銅で作るというアイデアですね。

その2つが社内のリソースだけでできたのか、それとも外部のデザイナーを使われたのか、その辺り、どういうふうにクリエイティブを作ったのかというところをうかがえればと思います。

【玉川】商品開発は基本的にすべて社内で行うようにしています。ただ、クリエイティブに関しては、やはり外部のデザイナーの協力が必要ですね。たまたま博報堂さんの取締役と知人だったものですから、博報堂さんにお願いしてやりました。

３年前の２０１６（平成28）年、玉川堂２００周年記念事業を行ったのですが、そのメイン事業がロゴマークの開発と発表だったのです。玉川堂の想い、つまり、コーポレートスローガンやロゴマークの想いを認知していただくために、ブランドメッセージの動画も作り、今もホームページ上で公開しています。２００周年の３年前にお願いしたので、もう６年前の話になりますね。

【直江】ロゴも内装も両方とも博報堂さんでしょうか。

【玉川】ＧＩＮＺＡ ＳＩＸの内装に関しては、違う空間デザイナーにお願いしました。最初は内装の一部に銅板を使用したいという提案をしましたが、いっそのこと、全面を銅にしようということになり、銀座はとにかく何かしらに非常に尖ったことをすることが必要なので、思い切って全面銅板にしました。

【直江】ありがとうございます。

【白木（質問者）】白木と申します。今日は本当に貴重なお話をありがとうございました。

一点、大変気になったところがあります。

さっき2030年、ご自身が60歳の時に燕の本店に店を集約するというお話だったのですけれども、その2030年というタイミングにこだわられている理由と、あと個人的には、その集約する時までに世界中に御社のことが認知されていないと集客できないのではないかと思うのです。

けれども、それまでに認知力というのが完璧だという何か布石を打たれるご予定も裏に隠されているのか、それとも、そうではなくて違う仕掛けで本店に集約させる何か想いがあるのか、そのあたりのシナリオを教えてください。

【玉川】 今、東京にはGINZA SIXにお店がありますが、そのお店を通してのお客さまとの関係が、これからの玉川堂の将来にとても重要になってくるのです。銀座のスタッフはとても一生懸命にその関係づくりをやっています。「お得意さま」といえるお付き合いの深い関係をいかに築き、それを広げていくかがとても大切なのです。

そして、今後は関西にも店舗を作り、アジアでも営業拠点を設けることで、さらに新たなお客さまづくりをしていきます。そして、産業観光型の施設には、玉川堂の世界観溢れる価値を生み出していきたいと思っており、さらに、そこでの体験によって、お客さまからお客さまへ、新たな出会いにもつながってくると思っています。10年後の60歳までとは、60歳までに私の代でやるべき構想を完成させたいという想いからです。

【中谷（質問者）】 中谷と申します。貴重なご講演ありがとうございました。私、まだまだ庶民でありますので（笑）、500万円のやかんとか、1億円の茶器を売っていかれたりということは想像を超えています。そこで、価格のことを教えていただきたいと思います。

先ほど絶対的非代替のお話がありましたが、たとえばそういう1億円の茶器があったとして、売る側の正当性、あるいは買う側の正当性は、どういったものから出てくるのかについて、社長のお考えをお訊きしたいなと思います。

【玉川】 60万円のやかん、500万円のやかんもそうですけれども、これは単純にコスト計算によってはじき出された価格です。

たとえば、1億円の茶器ということであれば、明治時代の万博博覧会に出品した作品なんて、今製作しても完成までに数年はかかるのですよね。それはそれに携わる複数の職人の人件費を始め、その他さまざまなコストから算出していくと、現在いる職人の技術力を最大限に引き出した時に生まれるものには、それくらいの価値と価格がつくと思っています。ただ、1億円のような製品を作る場合は、事前にお客さまと契約書を交わすなどして、後々問題が起こらないようなことをしていく必要がありますね。

【後藤（質問者）】 後藤と申します。われわれ、経営を学ぶ者として、すごく理想的な経営者の姿を見せていただいたというふうに非常に感じておりまして、感動しました。

社長に就任されてから、すぐ海外展開してとか、意思決定のスピードというか、決断力がすごいなと思ったのですけれども、経営者としてどういう心理状態というか、どなたかに相談をすごくしていたのかとか、近くにそういう方がいたのかとか、そこら辺をちょっと知りたいのですけれども。

【玉川】 地元の燕三条には尊敬する経営者が何人もいて、それを間近で見れたのは大きな財産でした。今日話した内容というのは、うちのスタッフが同じ方向に向かって一生懸命にやってくれたおかげですが、大きな決断はやはり経営者の独断です。これに関しては正直、相談する人はいません。

問屋を外す時は周りから反対されましたし、ＧＩＮＺＡ ＳＩＸへの出店の時も反対されました。ただ、そこはやっぱり七代目としてのやるべき将来設計がありますので、それに向かってやっていくような感じです。社長業とは将来設計に向けて、要はパズルの完成に向けて、パズルを徐々に当てはめていく行為だと思うのです。それが早いか遅いかは、その時の状況にもよりますよね。ただ、私の場合、早すぎることが多かったのかもしれません が。

【後藤】次なる経営者の育成というか、そこら辺は。

【玉川】私は娘が3人いて、一番上は大学生ですけれども、そのうちの誰かと期待はしています。もちろん、次の八代目は玉川家の人間が就くことが理想ではありますが、玉川堂は家業から企業へ移行していて、時代背景も大きく変化しています。果たして身内で固める必要があるのかどうか。娘もまだ学生ですし、そこは正直、今のところ何ともいえないところです。

【音羽（質問者）】音羽と申します。青山に直営店を作られた時のプロモーションってどのようにして行われたのかな、というところの質問です。売上の7割が百貨店だったとうかがったと思うのですが、直営店にした時に、どうやってお客さまへ呼び込みをかけるか、プロモーションはどういうふうにして行ったのでしょうか。

【玉川】個人情報の関係で百貨店のお客さまにはお知らせできないので、それまでお付き合いのある関東圏のお客さまを中心に、ご来店を促すお手紙やイベントなどを行いました。さらにお付き合いのあるマスコミの方にも一斉にお声掛けして、新聞や雑誌などにも取り上げていただきました。でも、お客さまからのご紹介で少しずつ広がっていくことが大切と考えているので、主にお客さまからの口コミですね。

【音羽】 チラシとか、そういったものは…。

【玉川】 そういうたぐいのことは行いませんでしたね。

【音羽】 主に口コミで。

【玉川】 そうです。百貨店での実演販売会をやめ、直営店にシフトしましたが、百貨店売上がなくなった分、直営店が軌道に乗るまで、玉川堂全体の売上はやはり大変でしたね。

【音羽】 最後に、リピート客が多いのか、それとも新規のお客さまが多いのかというところをお願いします。

【玉川】 どちらかというと新規の方が多いですね。でも最近はいかにリピートして玉川堂製品の価値をお求めくださるお客さまとの関係を築いていくか、そこを意識した営業活動をしています。スタッフ一人一人がお得意さまを持っていて、お礼状やご案内のお手紙などを通じて関係を大切に深めていっています。一度買ってしまうとそれだけという方も結構いらっしゃいますので、その方との関係を次につないでいくこと、それは玉川堂の価値を丁寧に伝え続けるという意味も込めて、今後の玉川堂のあり方のすべてかもしれません。

【長沢】最後に、私から質問です。玉川社長が考える「玉川堂らしさ」とは何でしょうか。

【玉川】まぁ話したことをまとめることになりますが、マーケティングをしないことです。玉川堂の世界観だけを作っていくことです。だから私は、ブランドといえば非競争の世界という形で、要は競争相手を作らないのがブランドだと思います。

だから玉川堂は玉川堂の単体として、もうそれがブランドになってくると。だからこう伝統工芸とか、銅製品でなくて、もう玉川堂というのが単体のブランドだと。競争相手がいない。そういう会社にしていきたい。

【長沢】ありがとうございました。最後までいいお話が聴けて、私も感激しています。きっと、一緒に聴いた皆さんもみんなハッピーだったと思います。（一同頷く）

今日は株式会社玉川堂代表取締役社長 七代目 玉川基行様に貴重なご講義をいただきました。最後に感謝を込めて拍手をお願いします。どうもありがとうございました。（拍手）

2

創業三百年　香老舗　松栄堂
――ブランディングとは、地に足のついた歩みで自信のある日本の香りをお届けすること

ゲスト講師：株式会社 松栄堂　代表取締役社長　畑　正高氏
開催形態：早稲田大学ビジネススクール「感性マーケティング論」〈第14回〉
日　時：2018年11月17日（土）
会　場：早稲田大学早稲田キャンパス11号館901号室
対　象：WBS受講生
音声起こし：早稲田大学ラグジュアリーブランディング研究所

●会社概要●

株式会社松栄堂

代表取締役社長：畑　正高

設　　立：1942年（昭和17年）

創　　業：1705年（宝永2年）

資 本 金：6,000万円

売 上 高：36億円

従 業 員：180名

本社所在地：

京都本社

〒604-0857 京都市中京区烏丸二条上ル東側

TEL 075-212-5580　FAX 075-212-5585

事業所：東京支店、札幌支店、長岡京工場

直営店：京都本店・産寧坂店・薫々・嵐山香郷・大阪本町店・銀座店・人形町店・横浜店・札幌店

薫習館《くんじゅうかん》

香音事業部

リスン事業部（リスン京都・リスン青山）

米国松栄堂

畑《はた》　正高《まさたか》　略歴

1954年、京都生まれ。大学卒業後、香老舗 松栄堂に入社。1998年、同社代表取締役社長に就任。香文化普及発展のため国内外での講演・文化活動にも意欲的に取り組む。

著書に『香清話』（淡交社）、『香三才』（東京書籍）、関連書籍として『香千載』（光村推古書院）などがある。

【長沢（司会）】「感性マーケティング論」第14回目のゲスト講師として、創業三百年、香老舗 松栄堂《しょうえいどう》 代表取締役 畑 正高様を京都からお迎えしています。

2006（平成18）年に出版した『老舗ブランド企業の経験価値創造――顧客との出会いのデザインマネジメント』（長沢伸也編著、同友館）以来のお付き合いでお呼びしました。先日の授業で紹介した香席体験も松栄堂からのご招待でしたし、ご講義で紹介があると思いますが、薫習館《くんじゅうかん》オープンの御案内を頂戴しましたので、先日早速見学してまいりました。それでは、畑社長にご登壇いただきます。拍手でお迎えください。（拍手）

【畑】先ほど先生から「革新が伝統」という仮のタイトルをおっしゃっていただきました。今日、こういう機会をいただきお招きいただいたのですが、キャンパスを歩いてくる道で立て看板を見ていたら、同じことが書いてありました。「革新が伝統をつくる」というものです。

今の学生さんたちも同じことを考えているんですね。伝統産業とは全く関係ない世界のことが横文字、英語で書いてありました。決して目新しいメッセージではないということであります。

作り手と、よき使い手

私たち作り手は、もちろん自信を持ってやっていますので、それなりによき作り手であるはずなんですが、よき使い手、これが実は非常に大事だと思っております。私の家業であるお香の世界というのは、放っておいたらほとんど忘れられてしまうような世界です。「そんなのあったっけ」みたいなことになるんですね。それがまた10年ぐらい経って、世代が一つ動いてしまいますと、全く知らないということになってしまうのです。

ですから、そういったものが世に存在すること、またなぜ存在してきたのかという、歴史が育んできたお香、香り文化の良さ、使い方の楽しさ、季節やストーリーとか、そういうものをきちんと語り続けて、そういうものを踏まえた使い手に出会っていくことが、私たちにとって非常に大事だと思っています。

たとえば、このペットボトルのお茶のように、店頭に並べたら誰もが理解して、「飲み物」と全員が判断しているような、そういうアイテムとは違うものが、生活文化の中でもさまざまにあるということです。

日本の香り、香という世界を私たちはメーカーとして育んでいます。その歴史の長さを知れば知るほど、それを勉強することの意味に気づかされるのです。美術館とか博物館の展示などのようにガラスケースの中に入ったのでは意味がなくて、生活文化として日常生活の中に流れ続けていないといけないと強く感じています。

温故知新

「温故知新《おんこちしん》」という言葉がありますが、私はある時、ちょっとしたエッセイを書く機会があって、「知新をやめました」というタイトルで書いたことがあります。温故知新といいますが、生きている限りは前を向いて歩いていますので、常に「知新」をしていると思っております。

前を向いて歩いている私たちがどれだけの「温故」を迫力を持ってするかということが、革新なるものにつながると思っております。ですから、温故知新という言葉の本当に必要なことは、真剣に温故をすることだというふうにいつも思うのです。

松栄堂の家訓「お線香のように」

「松栄堂に家訓はありますか？」とよく聞かれます。書いて伝わった古いものはたくさんありますが、家訓として伝わったものはありません。ただ、言い伝えのようにして、私の祖父もよく言っていましたし、それを聞いて母も会社のみんなに言ってくれていました。それは、「細く、長く、曲がることなく、いつもくすくすくすぶって、あまねく広く世の中へ」という言葉です。お線香に火をつけて香りが広がっていく、その姿を私たちの仕事、会社としての生き様のように考えています。

火をつけてお線香を燃やすのですが、ボッと花火のように華やかに燃える必要なんて全くないのです。ただ、火がなければ、香りは発散しません。常にくすくすくすぶり続けているということが大事だと思っています。

それから、ある一つの方向に向けて、たとえば宗教家だけとか、お茶のお家元だけ見ているとかではなくて、あまねく広く、あらゆる角度から生活文化として、さまざまな場面で使っていただける、そういうものだと思っていますので、あまねく広く世の中に広がることというのもとても重要だと思います。

「源氏後集余情」

歴史を温める、温故をするということの大切さを思うのですが、たとえば、こんな錦絵（写真1）に出会って、「やった！」と思うんですね。ここでお香を使っているシーンのように、一度こういうふうにやってみようと思います。絵に描かれているようなサイズのお盆とか香炉ですね。この場合だったら、金の玉がぷつぷつと描いてあるのは梨子地《なしじ》だと思います。朱塗りのお盆はうちにはないけど黒やったらあるなとか、そうか、四方盆も足が付いているのもいいんだなとか。

それから漆のお盆の上に、青磁の香炉が描かれていますが、乗せる時に帛紗《ふくさ》を敷く必要もないんだな、と思うわけです。私たちはどうしても傷がつくことを心配して、帛紗を敷いてみたりするんですが、こういうふうに置いて使っていいんだなと、実際それに挑戦してみたりします。

写真１　伝統的日本文化　香（錦絵）

出所：「源氏後集余情（第三の巻）」三代豊国画
（国立国会図書館デジタルコレクション）

今から１８０年ぐらい前の江戸を中心とした世界で広まった錦絵ですが、よく見ると香炉の真ん中あたりにガラスのようなものが描いてあるんですね。これは雲母の板で、「銀葉《ぎんよう》」という名前で呼んでいます。これを使う時というのは、実は煙が立ち上ると失敗なのです。

ということは、この絵は煙を描いているのではなくて、香りが立ち上る様を描いているのだということに気づかされました。煙のように見えますが、これは決して煙じゃない。香りというのは、絵に描かれると煙に見えてしまうのだということを教えてくれた絵です。

そう思うと、煙のように描かれているも

のの中に香りを描いているものがたくさんあるのではないかと考えるのですが、実は、「浦島太郎の玉手箱は煙じゃない」と確信を持って私は考えております。あれは香り、匂いだと思っているんです。実際、京都の丹後半島に浦嶋神社（宇良神社）という神社がありまして、『丹後国風土記』という非常に古い時代の記録もあるんですが、それにはやはり匂い、香りということが書いてあります。決して私の想像もいいかげんではなかったと、とてもうれしかった記憶があります。

では、浦島太郎の玉手箱は、なぜあれが煙になってしまったのでしょうか。実は1500〜1600年ぐらいの時間の中でさまざまなことが起こっていくんですね。浦島太郎というのは、浦島子というのが元の名前なんです。それが鎌倉時代になって、八幡太郎（源義家）などの武家社会の信仰があり、浦島子が浦島太郎になります。それが江戸時代になって御伽草子になったりして、浦島太郎の絵物語になるんですが、それが今度、明治以降、国民の教科書ができた時に取り上げられて、浦島太郎物語というのが子どもたちの間に広まっていくという歴史があります。

そうした浦島太郎が絵に描いていかれるなかで、私たちには煙に見えてしまったのです。歴史というのは本当に面白いものです。別に誰が意識的にするわけでもなく、そうやって物事が発展するんだということを教えられます。

この錦絵の赤い短冊には、「源氏後集余情《げんじごしゅうよじょう》」と書いてあります。これも私はずっとそう思っていたのですが、5年ほど経って、ある時ふっと読めたのです。「源氏五十四帖」と。目からうろこが落ちた気分でした。これは「源氏後集余情」じゃなくて「源氏五十四帖」やったかと。

パロディーなんですね。化政文化の頃の江戸の町衆たちが『源氏物語』というのを、このように〝後ろに集まる余った情け〟なんて書いて「源氏後集余情」と楽しんでいるわけです。

だから、現代の人たちが、『あさきゆめみし』（大和和紀作）のコミック本とか、『大《おお》掴《づかみ》源氏物語まろ、ん？』（小泉吉宏著）という楽しい本で『源氏物語』に親しむのは全然問題ないし、決して古典として学ぶ『源氏物語』だけがすべてではないということを、つくづく教えられるわけです。

火から発見された「香」

香というのは、火を使うということが非常に大きなキーワードになっています。昨今、香を「たく」という文字を入力すると、炊飯器の「炊」になってしまうことが多いのですが、香をたくという場合は、「焚」という漢字を使ってほしいのです。

この漢字を見ていると、「火」の上に「林」を乗せるというダイナミックな文字なんですね。一つの林をいただいてしまうぐらいの勢いで火を絶やさないことが、実は人間にとって非常に原始的な要素だと思います。私たちは火を失うと、命の半分はまた闇に引き戻されてしまうわけですから、火を絶やさないことが人間らしさを保つための大きな必要条件だと私は確信を持っているのです。

昨今、火を使わずに生活できる、すばらしく近代的で文明化された生活が当たり前のようになっています。しかし、火を使わない生活をすることは、文明化という心地よい空間で、火を知らずに育てられてしまう次の世代に対する責任を、誰が取るのかということを、やはり問わないといけないと思っております。そういう意味で、火を使うことはとても大きく、大事な意味があると思っております。

「火の発見」という言葉を聞かれたことがあると思います。教科書にもあったかと思いますが、火の発見というのは、実は火を見つけることではなくて、火をいつでも熾《おこ》したり消したりできるようになったという意味だと思います。火を発見したことで煙を発見し、捕ってきた獲物を燻製にして保存食を作ったり、のろしを上げてメッセージを送ったりできるようになるわけです。火の発見は煙の発見でもあるし、匂いの発見という意味にもなるのです。そう考えると、人類は原始の時代、火を使えることがどんなに大きな文明、文化を生み出していったかということが見えてくるかと思います。

仏教との出会い

日本に仏教が伝来し、その時に本格的に香料が伝わったとされています。今から1400年から1450年ほど昔の話になりますが、それからさまざまな仏教が大きな流れをいくつもに分けて、今日まで至っているわけです。

写真2　香・華・燈明

建仁寺本堂にて　　　　　出所：(株) 松栄堂

私はよく「富士山に登る時、どこから登りますか」という話をするのですが、どこから登ろうと頂きは一つです。それと同じように、どの宗派の道をたどろうとも仏の教えというのは一つなんですね。

私は、考古学者の網干《あぼし》善教《よしのり》先生（故人）が祇園精舎、サヘート・マヘートで、「仏教徒なら、ぜひ一言目は必ず〝南無釈迦牟尼仏《なむしゃかむにぶつ》〟と唱えてほしい」とおっしゃったのがすごく印象に残っています。「南《な》無遍照金剛《むへんじょうこんごう》とか南無阿弥陀仏《なむあみだぶつ》とか、皆さんのたどる道を、われわれが行けると思うその先には、必ず一番最初に、〝南無釈迦牟尼仏〟とお釈迦様のことをまず念頭に置いてほしい」とおっしゃったのを今でも覚えています。それから、なぜどの道からたどっても仏様の前に香・華・燈明を揃えるのかということです（写真2参照）。それこそお地蔵様の前であっても、大きな仏殿のご本尊の前であっても、あるいは家庭のお仏壇の前であっても、必ず香・華・燈明の3つを揃えます。それはなぜなのかというのをもっと真剣に学ぶ必要があると思っております。その一つが私が商いにしている香というものなのです。これは大変なことだと考えるのです。

お香の原料

香の原料にはさまざまなものを使いますが、実は結構、口に入れる機会のあるものが多くあります（写真3参照）。わかりやすいものでしたら、シナモン、ウコン、それに安息香《あんそくこう》ですね。安息香は、喉を痛めた時に使う薬です。そして丁子《ちょうじ》はクローブのことです。ホットウイスキーなんかに入れたらふっといい香りがします。そのほか、大茴香《だいういきょう》というのは、香辛料としてよく召し上がっているものだと思います。これらがわが国にもたらされて、本格的に使い方も学ぶようになったのです。

お香の原料を見ていろいろなことを考えると、とても面白いことを発見します。初めて

写真3　お香の原料

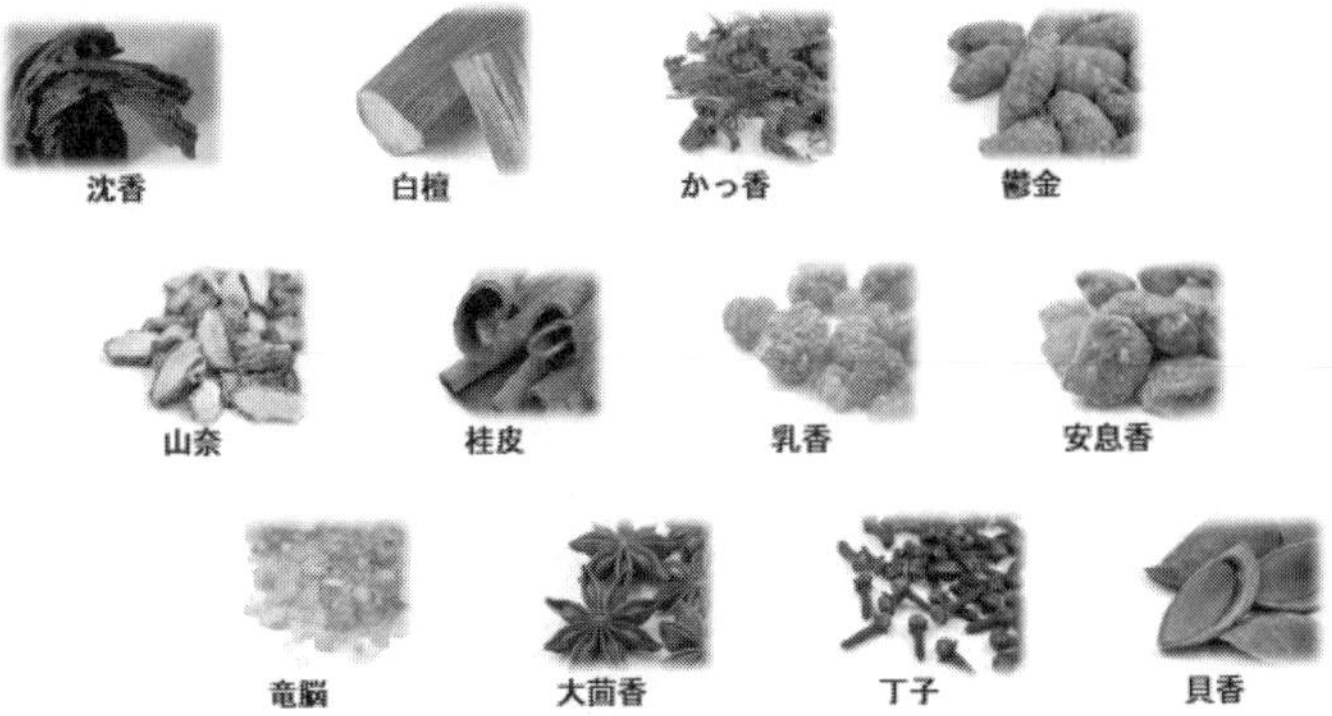

出所：（株）松栄堂

こういったものがわが国に入ってくると、一体何だ?というところから始まります。名前は何だ、どこから来るんだ、何に効くんだ、などといろいろなことを学ぶわけですが、今度はそれぞれをどういうふうに使うのか、ということを学ぶのです。刻むのか、粉末にするのか、炊いて溶かすのか、など…。

ものに出会って、知恵をもらい、学ぶわけです。それは実はハードウェアとソフトウェアの話であります。私は今ｉＰａｄを使っており、ｉＯＳを使っています。ハードウェアとソフトウェアというとコンピュータの話と思いがちですが、実はそうじゃないんですね。人類が文明や文化を発展させていく時に出会って学ぶべきものというのは、ハードウェアとソフトウェアなんです。これは未来永劫ずっと変わりません。原始の時代からソフトパワーというのがどれほどに重要なものか、そしてソフト力を展開できる人たちが品質の良いハードに出会った時にそのハードが持つ本当の社会的な意味が展開されるのだということを、ぜひ考えていただきたいと思っております。

歴史に学ぶ「唐様から和様へ」

歴史に学ぶという話が好きなんですが、唐様《からよう》といわれるものが日本にはさまざまにあります。今年（２０１８年）の正倉院展で美しい螺鈿《らでん》の琵琶（螺鈿紫檀五絃琵琶《らでんしたんのごげんびわ》）が出展されていました（写真４）。あの花は何の花かというと実は答えられません。しかし名前はあるんです。「宝相華《ほうそうげ》」という宗教的な名前なんですが、想像上の花なんですね。ですから左右対称であったり、中心がはっきり描かれているのが見えても、違和感もありません。想像上のものですから。

写真4　歴史に学ぶ－意匠

螺鈿《らでん》紫檀《したん》五弦《のごげん》琵琶《びわ》（背面）

出所：正倉院宝物

その上に鳩によく似ている鳥が飛んでいますが、実在しているものではないということもわかってきます。ところが、この琵琶に出会って弾いてみたいと思う人もいたかもしれませんが、それと同時に自分もこういうものを作ってみたいと思う人もいたはずなんです。作ってみたいという人たちが漆を学んだり、金の粉で絵を描くことを学んだり、螺鈿という珊瑚や貝で文様を作ることを学んで、工芸技術を身につけていきます。

正倉院の時代から300年、400年ほど経った平安末期になると、「梅月《ばいげつ》蒔絵《まきえ》文《ぶん》台《だい》」のようなものをこの国の人たちが作ってしまうわけです（東京国立博物館蔵、掲載省略)。梅月蒔絵と書いていますから、梅というのはわかります。これは全員が知っているいる梅なんですね。梅が咲いているという段階で、いつ頃の季節かも全員が肌感覚で知っているわけです。ここのコントラストが実は唐様と和様の大きな基本要素なのです。

文台に描かれた梅のほうは、シンメトリーでもなく、真ん中の中心がはっきり見えるわけでもありません。これが庭先の様子であることは、誰もが想像ができるようになります。よく考えてみると、こんなに薄い月が浮かんでいる時間に庭先がこのように見えるはずはないのです。ですから、これは目で見た写実ではなく、実は五感すべてで感じている情景です。「庭先に春が来ているじゃないの」という気配を確認した瞬間、それをビジュアル感のある蒔絵という技法で起こしたものだということがだんだんわかってきます。

このように、唐様という教養文化を学んだ人たちが和様というものに気づいて、それを展開し始めるというのがこの国の文化的な大きな一つのウエーブになるのです。なので私たちが学校で習った時には、唐様の時代が終わって和様になったように何となく理解したかと思いますが、私はそれは大きな間違いだと思っています。唐様というのは日本文化にとってのオペレーティングシステム(OS)だというふうに考えるのです。

今、私は日本語で、香りに向き合って考える日本文化論みたいなことを述べていますが、これは「日本語」というOSで「香りの文化史」というアプリケーションを話しているわけです。オペレーティングシステムを英語に変えれば「英語OS」になり、中国語に変えれば「中国語OS」になります。そう思うと、日本文化、と私たちが言っているものは、21世紀の今日も「唐様」というOSを運用しているんだということを、思い起こしてほしいと思います。

以前、東京駅に降りたつと、駅前の道路を封鎖していて、何か賑やかにやっているんですね。何のことはない、お神輿が20基ぐらい出ていて、大きなお祭りでした。見ると、お神輿にみんな鳳凰が乗っているわけですよ。21世紀のこの時代に、東京駅前で鳳凰を乗せたお神輿をみんな担いでいるんです。何で鳳凰を乗せるかといったら、これは唐様の象徴ですよね。笑ってしまいます。それが実は日本なんです。要は、オペレーティングシステムが何かということを理解せずに、上の表面だけ見ていても日本文化はわからないということになります。

平安時代といえば、一つのイメージをお持ちだと思いますが、私たちが普段学校で使っていた年表は、平安時代を一色に塗りつぶしてあるわけです。400年の時間を一色に塗りつぶしているなんて、あんなのは許せないんですね。皆さんの人生を一色に塗りつぶします。

て表現していいですか？　やっぱりグラデーションとかモザイクとかも使いたくなります。

人は時間をかけて命を全うしていくのですから、表現の仕方というのはそんなに単調に塗りつぶしていいものではないと思うんです。ましてや400年続いた平安時代を一色に塗りつぶしている年表なんていうのは、いかに歴史観を無視しているかということになり私たちが把握している日本の歴史観というのは、どこに政治の拠点があったか、どこに権力があったかという歴史でしかなく、人が生きてきた文化史の年表を考える時に、これでは話にならないということを気づかされるのです。

平安時代の400年の前半200年だけでも、女性のファッションだけ見ても、これほど変わります。この後どう変わるかというと、白拍子《しらびょうし》とかそういう世界になっていったりします。また漢字が仮名文字に変わっていったりと、言いだしたら切りがないほどです。

私もお香の香りがずっと一本調子だったはずはないと思うんです。ここがポイントです。さっきの琵琶の絵から梅の絵に変わっていった400年ほどの間に、あれほどダイナミックに表現力が変わっているのと同じように生活がこれほどに変わっていくのですから、同じ香料をどう使うかという知恵も、どんどん変わっていったと思うのです。ですから、平安時代ひとつとっても日本文化の面白さ、そしてそういうところにすべての知恵の出発点があるということに気づいていただきたいと思います。

それが書き残されて今日まで伝わってきたのが日本の不思議さなんです。800年、1000年昔のことが今日の私たちでも何とか頑張って読みこなしていけるように伝わっている文化圏は、世界中を探してもほとんどないと思います。

お香の種類

そのようなかで、今日私たちがメーカーとして作らせていただいているお香には、火をつけるものから、火をつけずに常温で香るものまであります（写真5）。また、間接的に炭の火で温めてふっと香らせるものとか、体に塗るもの、お焼香のように刻んだものもあります（写真6）。ほかにも70センチぐらいの長いお線香とか、さまざまな特殊なものも作ります。

写真５　お香の種類①

・直接火をつけて－

・常温で香る－

出所：（株）松栄堂

写真６　お香の種類②

間接的に熱を加える－

お香いろいろ－

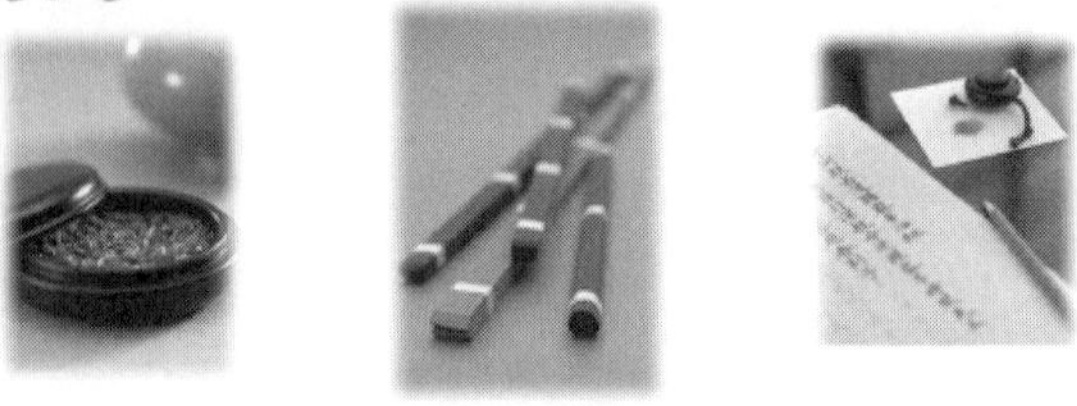

出所：（株）松栄堂

商品開発をするにあたり、「革新が伝統」といっている意味の一つとして、イノベーティブなことというのはとても大事だと思っています。最近、京都でもイノベーションの話がよく話題になります。その際、どうしてもITとかAI（人工知能）とか、そういった世界のことに意識が向きがちなのですが、そんなものではないと思います。

たとえば、私たちは、火をつけてお線香やお香を焚きます。その時の煙をどう考えてどうコントロールするかという、これも技術なんですね。私は「絶対に煙をなくしては駄目だ」と言って、社内では非常に頑固に指導しています。煙のないお線香がマーケットに多く売られていますが、火がある以上、絶対煙がなければいけないと考えております。

自然界のものをむやみに放っておくのではなく、それをコントロールする技術というのが大事だと思います。たとえば、煙をコントロールするために香りが犠牲になっては意味がないわけで、先ほどの天然の香りの素材をいかに尊重しながら、こういう技術開発をするかがとても大事だと思っています。

お線香を焚くだけでなく、インセンスというのも焚いてほしいと思います。何の話をしているかというと、実はお線香を見た段階で、ほとんどの人が自分の経験値や自分の記憶を開いて感じるわけです。多くの人は、お線香は仏様のものだと理解をしておられます。

写真7　香を焚く

出所：（株）松栄堂

たしかにそうです。でも、なぜお線香が仏様のものだと思うようになったかという歴史が大事で、もともとお線香は仏様のものではなかったのです。

実は、お線香をもっと現実的に使った現場がありました。それは、いわゆる花街のお座敷でお客さまが過ごされる時間を計るための道具として、お線香代などという言葉が落語などに出てきます。時を計る道具として使われた時代が江戸時代にあったのです。時計もなかった時代に、非常に便利な器具として使われました。そういう便利さから、今度は仏様の前で焚くお香も線（棒）状に作って焚いてみると、非常に扱いやすいことから、広くお線香というのが使われるようになるわけです（写真7左）。

写真8　見た目もカラフルなリスンのスティック・インセンス

出所：(株) 松栄堂

ところが、それをちょっと斜めに立て、器を変えるだけで、誰もお線香とは呼ばなくなってしまうのですね（写真7右）。

消費者の先入観というのは、そういうところに大きなヒントがあります。私も会社の中へ入れば松栄堂の社長として、お香の専門家みたいになるわけですけども、一歩外へ出た段階で一消費者となります。すると、どの世界でも一応知っているように思っていても、たとえば、お蕎麦屋さんのお蕎麦というのはある程度は知っているつもりなんですが、専門家からいわせると私の知識なんていうのは先入観や誤解や迷信などに彩られて、めちゃくちゃなわけです。

ですから、世の中の消費者の皆さんが私たちの商品に抱いてくださっている情報の中には誤

写真9　匂い袋／サシェ

出所：（株）松栄堂

解とか迷信とか勘違いとか、いろんな要素が織り込まれてしまっている、ということを、私はお香のメーカーのプロとして、気づくべきだと思うのです。

同じ技術で作った同じものなのですが、「インセンス（incense）」という言葉を使うだけで全然違った概念が生まれる、ということをぜひ気に留めていただきたいと思います（写真8）。

写真9の匂い袋、これも同じです。「匂い袋」というと皆さんもすでにご存じですが、それを「サシェ（sachée，仏語）」というだけで全然違うものになってしまいます。素材や形状やデザイン、また香りそのものも違うものを提供して、展開する場所も変わっていくわけです。

製造現場におけるイノベーション

商品開発においては、パッケージの共通化や、環境素材の導入にも、積極的に取り組んでいます。写真10の左側の小さな箱は、上にキュッと持ち上げるところがあります。そうすると1本だけ振り出せる穴が開いてスティックのお香が出てきます。茶色いボディの部分は共通パーツで、中の香りが何種類変わっても、この部分は共通の箱なんです。右側の写真は、黒い箱の部分と白いサックの部分があるお線香の箱です。中の香りが変わっても、外の白いサックだけ変えれば、商品は変わっていきます。中の黒いボディの部分は、お線香は折れやすく湿気を嫌うので、共通パーツでずっと過ごすわけです。

この黒い部分には、牛乳パックの再生紙を使っています。昔は桐箱などを使っていたのですが、今は牛乳パックの再生紙で折れやすいお線香を世界中に送れるような箱になりました。

もう一つ、左側の写真の丸く平たいものは、お香を立てるためのホルダーです。これをお皿の上に置いてお香を立てて焚くのですが、これも昔は陶器や磁器などで作っていま

写真10　パッケージングの共通パーツ化や環境素材の積極的導入

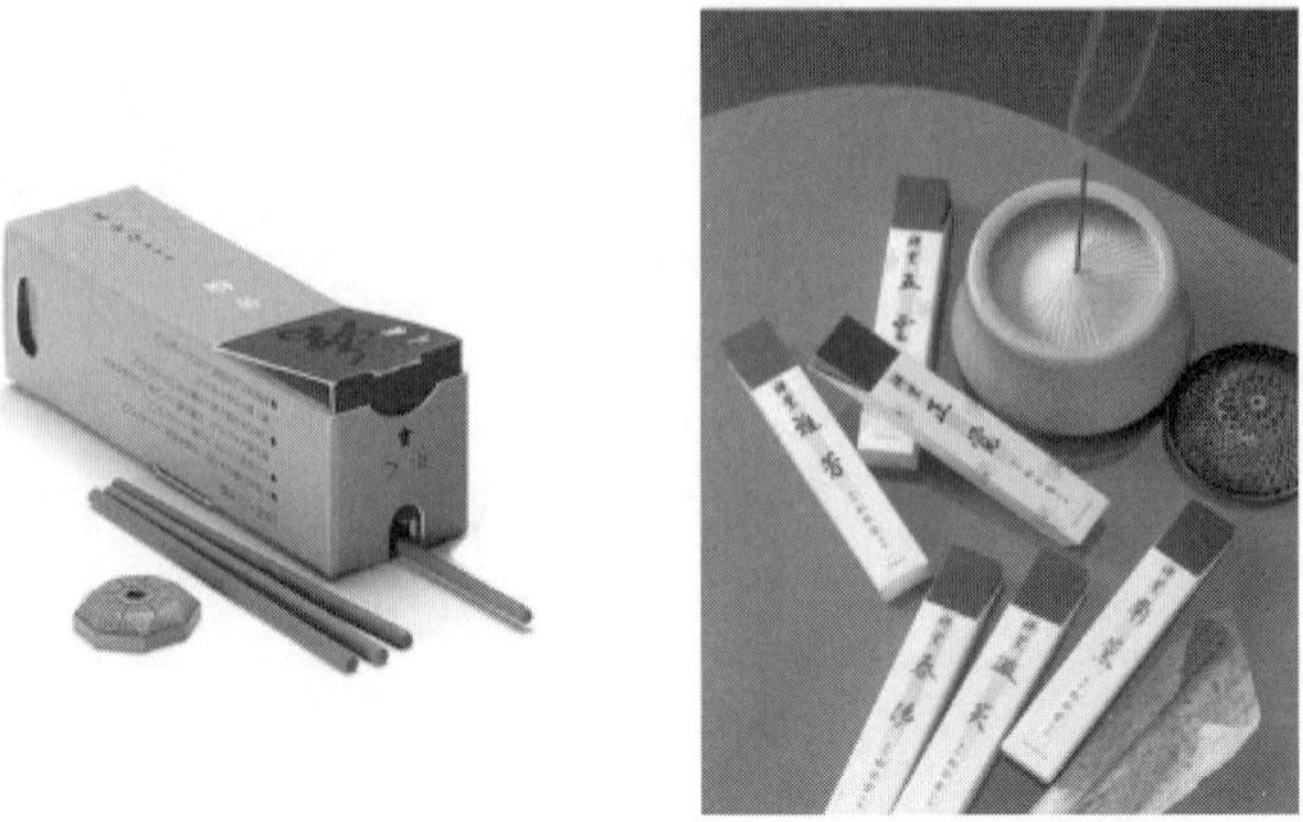

出所：（株）松栄堂

した。

私の父の世代、昭和40年代頃に耐火プラスチックに変わり、ローコストで、たくさん作れるようになりました。でも、それは石油産品ですので、お客さまが使われた後それを捨てることが非常に気になる社会に転じていったのです。

そういうことから、平成になる頃、耐火プラスチックというものがマーケットの中でも評判のよくないものになりました。当時、外国でものを作るようなことがどんどん進んでいた時代ですから、海外で小さな陶磁器を焼いてもらったり、金属のパーツを作ったりとか、そういうことを他メーカーさんがどんどんされたのですが、私た

写真11　２つの製造現場

京都本社香房

長岡京工場

出所：(株) 松栄堂

ちは海外にたやすく動いてしまうことに非常に抵抗感があり、いつまでも固執して、それをしませんでした。

そんななか、土をふるいにかけてきれいな粉にし、それを押し固めてしまうという技術に出会って、社内で作るようになりました。この箱の中のお香を使い終わったら、ホルダーはたとえ庭に捨てたとしても、雨が降ったら土に変わってしまう、そういう素材なんです。いくらでもたくさん作れる、いい素材に出会ったわけです。

製造現場でもいろいろなことに挑戦するのですが、松栄堂には京都本社の香房《こうぼう》と長岡京工場という2つの製造現場があります（写真11）。さっきも長沢先生が授業で、銀座のメゾン・エルメスのビルの中ほど5階に職人さんの仕事場があるというお話をされましたが、松栄堂の本社も烏丸二条という京都のメインストリートに製造現場があります。それと郊外の長岡京工場との2か所の生産基地があります。京都の町中でやっている香房は本当に手作りの現場です。そして長岡京工場では、かなり大きな機械化を進めて計画生産をしています。そして両方とも同じ品質のものができるわけです。

ただ、大きな機械でやってはいけないことがあると思っています。それは高級な素材を使って製品を作る仕事です。なぜかというと、どうしても最後、機械の中に少量の原料が残るからです。もともとの素材が非常に高級なものは、やはり手仕事できちんと詰め将棋を最後まで詰めるような、そういう仕事をすべきだと思います。ですので、本社の香房は高級品を生産する現場、長岡京の工場では流通品などある程度大きなロットでたくさん作る、そういう現場になっています。

ほかにも新しい技術があります。これはモールディングといいますが、粉末を押し固めて作っています（写真12）。皆さんも口に入れたことのある、たとえば、ビタミン剤のような錠剤。あれは打錠といいます。打錠とは打って固めてあるものですが、それと同じ技術なのです。実は世界で活躍されている打錠の機械メーカーが京都にあります。薬のメー

写真12　新技術－圧縮成型

出所：（株）松栄堂

カーもありますし、いろいろな異業種交流の中でそういった方々と親しくすることがあって、私たちのお香も打錠で作れないかと挑戦するようになりました。

いろいろな経過があってもう30年ほどになりますが、この7センチのスティックは、実は八角形なんです。ですから鉛筆みたいに転がらない。打錠の薬は、たとえば、丸い薬だったらセンターさえ合わせたら、雄と雌の形をごんごん打って固めます。しかし7センチのものを作るのに2つの型を合わそうと思うと、非常に精度の高い技術が必要になります。ですから、世の中に7センチの細いスティックを打錠で作っているのは、おそらく松栄堂しかないと思います。これも初めは3センチぐらいからスタートして、ようやく7センチにまでなりました。長いものも可能ですが、ものすごく大きな型を必要としますので、基本的に7センチが最長と考えています。

次は渦巻き型です。蚊取り線香のような、こういう形も打錠で作っています。梅の花の形や扇の形、紅葉や菊とかいろいろなものがありますが、これらを店頭に並べるとお客さまは、「すごく伝統的なお仕事ですね」とおっしゃるんですね。実は全然伝統的じゃない新しい技術で作っているんです。

この技術のすごいところは、機械を持っていけば、世界中どこでもスイッチを押せば作れるという技術なんです。香房での職人の仕事はそう簡単にはできません。経験が伴っていないと、練り具合とか水分の供給具合とか、非常に経験がものをいう現場なのです。しかし、この機械は全く経験が要らないんですね。香料の配合やレシピはシークレットで一般には公開しませんが、生産現場は世界中どこへでも持っていくことが可能になります。実はこのことが、先ほどの土を固める技術に直結しているのです。この機械がありますので、空いている時間に土を固めておこう、ということです。

伝統的な価値を育むということは基本的に松栄堂の一番大事な仕事ですので、お客さまに新しいものだけで安易に過ごしてもらうのではなく、歴史が育んだ香りの面白さに触れていただくことをとても大事に考えております。

写真13　松栄堂　京都本店の外観

出所：(株) 松栄堂

写真14　松栄堂　京都本店

出所：(株) 松栄堂

リスンについて

東京にも銀座と日本橋人形町に店がありますが、京都の本店にぜひ足をお運びいただきたいと思います（写真13、14）。松栄堂の本店というのは京都らしいと思ってくださるんですけれども、同時に私たちは『リスン（lisn）』というサブブランドも展開しております（写真15）。リスンは東京の青山にも小さな店があります。同じ松栄堂の同じ工場で、同じ経験の中で商品を作るのですが、先ほど申し上げたように、お線香とかお香といった段階でお客さまにはある一つの先入観のようなものが伴ってしまうんですね。このリスンというお店では「インセンス」と呼び、「一体それは何なの？」というところからスタートしていただけます。

今年（２０１８年）の秋、実はここリスンで発表した新作があるんです。これまでは、お店に並べているさまざまな香りから、「どれがお好きですか」というように提案していたんですが、ドとミとソの香りを一遍に焚いて、香りの和音を楽しんでみませんかという商品展開を今始めております。実は香水の世界では、イギリスで提唱された香りの音階と

写真15　リスン京都

出所：(株) 松栄堂

写真16　薫習館の外観（左の建物は京都本店）

出所：(株) 松栄堂

いうものがあるのですが、それをパフュームとかエッセンシャルオイルだけではなくて、インセンスの世界でも提案してみようということで、今年の新作のテーマにしております。「ド・ミ・ソ」と「シ・レ・ソ」と2つ発表しています。第3弾は「ド・ファ・ラ」を何とかやろうと今頑張っております。

薫習館について

薫習館《くんじゅうかん》という建物が今年7月（2018年）にオープンしました（写真16）。京都の本店にお越しいただきましたら、こちらへもぜひお運びいただきたいと思います。1階は毎日どなたにでもお立ち寄りいただきたいと思って、「香りのさんぽ」という空間を作っています。

今の時代、情報化社会という言葉を使い始めてもう20年ぐらいになりますが、皆さん、情報化社会って、どんなふうに考えておられますか。私は「視聴覚の大革命」といっているんです。視聴覚革命の時代に私たちは生きていると思っております。

たとえば、産業革命について、5つのキーワードを挙げるようにいわれた時、蒸気機関とかワットとか、資本の集約とか、家内工業から工場生産へとか、そういったいろいろなキーワードが出てくるのですが、その時代に生きていた人たちが産業革命の時代に、「自分たちは今、レボリューションの時代に生きているんだ」なんて自覚しながら生きていたかというと、そんなことはないと思うんですね。

過去を振り返った人たちが、これはすごいレボリューションが起きていたということを再認識しているわけで、そう思うと、私たちの時代を未来の人たちが振り返って、何と表現するだろうと思うのです。私たちは情報化社会とかいろいろなことをいっていますけど、未来の人たちは私たちのことを振り返って、「視聴覚革命の時代によくがんばっていたんだな」みたいな言い方をされるんだろうとつくづく思います。

「五感（視覚、聴覚、嗅覚、触覚、味覚）」と簡単にいいますが、私たちの身の回りで、視覚と聴覚（光と音）がデジタル化されているだけの話なんです。電気信号に置き換わって、デジタル化が非常にたやすく、バーチャルまで含めて展開されているのです。片や一方、触覚、味覚、嗅覚という原始的なものを私たちは毎日使いこなしているということに立ち返っていただくと、見えるものがちょっと変わってくるんじゃないでしょうか。

写真17　3つの香りボックス

出所：（株）松栄堂

私は香りについては、やはり現物に出会ってほしいとつくづく思っております。インターネット上ではどこまでいっても写真と名前、そういう情報しかないわけです。ぜひ現物に出会ってほしいと思います。薫習館の「香りのさんぽ」というところでは、私たちが提案するお香の香りは大まかにどんなふうに違うのかとか、原材料の現物の匂いというのはどんな匂いなのかとか、あるいは香料が一種類の場合はこうだけども、パーセンテージを変えて種類を混ぜたり、強弱をつけたり、いろいろ人間の知恵を織り込んでレシピで運用すると、香りというのはこんなふうに整ってくるのかなど、そういったことが体験できるラボになっています。

この天井から下がっている3つの箱に、順番に

写真18　5本の香りの柱

出所：（株）松栄堂

頭を入れて立っていただくと、3つとも香りが違うんですね（写真17）。私たちが当たり前のように思っているとても古典的なお香だったり、火を使わずに香る匂い袋であったり、時期によって内容も変わります。

それからこの5つの柱では、たとえば、シナモンといったらどんなものか、パウダーで瓶に入っているんじゃなくてシナモンそのものが展示してあり、そして、その匂いはどんなものかを試すことができます（写真18）。龍涎香《りゅうぜんこう》などもあります。龍涎香とはどういったものか、そしてどんな匂いがするのか、そういった提案をしています。

ほかにもギャラリーがあって、いろいろな作家の方々の作品発表があったりします。

社会の一員としての企業活動

私たちはお香のメーカーとして、いろいろなことに取り組んでいます。インドネシアのジョグジャカルタが、10年ぐらい前に震災でひどいダメージを受けたことがありました。京都府とジョグジャカルタ州は友好提携を結んでいて、震災に遭われたジョグジャカルタを応援しようという運動が京都で起こりました。

お金を集めて寄付をするという支援もありますが、京都の室町の繊維関係の方々と相談をして、私たちの価値観で現地に何かを送るよりも、現地の方々が仕事をされたものを日本のマーケットで紹介して、生産力や生活力が回復することのほうがはるかに大事なのではないかということで、ジョグジャカルタ州で作られるインドネシアのテキスタイル、バティックやルリックを使って、匂い袋を作って商品化を進めたりしています。

しかし、テキスタイルの安全基準といったものが日本のマーケットに全く合わず、日本の百貨店で販売できないなど、とても難しいものでした。その辺の指導から含めて、かなりいろいろな苦労をしましたが、今は安定して仕事ができています。

文化・環境活動

お客さまと世代を超えてずっとつながっていくために、文化活動を一生懸命やっているなかで、エッセイコンテスト「香《かおり》・大賞」なども行っています。香りをテーマに立ち止まって短いエッセイを書いてみませんかというコンテストです。それから「お香とお茶の会」、これは本格的な伝統文化のお香とお茶といったものを楽しみましょうという会です。実は今日（2018年11月17日）、東京で増上寺様を会場に拝借して、「お香とお茶の会」を朝から催しており、私も朝はそちらに参加しており、おかげさまで毎年楽しみに数百名の方がお越しになります。そういう催しを京都と東京と札幌の3か所で毎年開いております。

お香について話をしてほしいというご依頼をいただきましたら、基本的にはどこへでも参ります。今日もこうやって早稲田大学へ来ました。「松栄堂のこと、お香のことを好きに話せ」。こんなありがたい機会は私のほうからお願いしようと思ったら大変なんですけども、いろいろな形で機会をいただいたら、断る理由はないと基本、私は考えております。

日本国内だけじゃなくて、海外も含めて積極的に取り組んでおります。

私どもの工場の近くに新幹線が走っておりまして、新幹線の下の水辺というか、流れがあるのですが、そこがゴミの溜まり場みたいになっていました。それを社員のみんなが清掃活動をしてくれまして、そのことでそこに咲いている花に出会ったのです。その花が「オグラコウホネ」。コウホネという水生植物があるのですが、その中でもオグラと名前が付くコウホネだということがわかりました。

オグラコウホネは、昔、京都の南のほうにあった巨椋池《おぐらいけ》という大きな池に生息していたのですが、池を全部干拓をしたものですから、希少植物として環境省のレッドデータに収録されているんです。そういう希少な植物の自生地がそのゴミ捨て場のような水辺にあったということがわかってから、松栄堂の社員のみんなも希少植物のことに非常に関心を持つようになりました。

それと同時に、私たちが使う香料の中にも世界レベルでワシントン条約などで管理されるほど、希少な動植物が存在します。ある種の香料は今は日本に輸入できません。先ほど会場で焚いたお香は、実は今、日本にはもう輸入できない貴重な香料を使って作ったものです。光源氏の時代にはこういう香りだったのではないかという、そういう香りを先ほど

写真19　希少植物の保護育成活動

出所：(株) 松栄堂

焚いたわけです。

香料の中にも希少動植物というのが多くあるんですね。そういうことから、地域社会で運動をしておられるＮＰＯの皆さんにご指導いただいて、松栄堂では希少な植物の育成開花事業に取り組んでいます（写真19）。烏丸二条の店頭で公開したり、場合によっては京都市内のさまざまなところに配って、大きく展開をしたりもしております。

ちょうど今が花のシーズンであるキクタニギク、今ものすごくきれいに咲いておりますが、実は世の中に知られている立派な菊から見ると、小さくぽしょぽしょっとした花です。京都に菊渓《きくたに》という地名が残っていますが、その辺りの小さな流れの近くにいっぱい咲いていたものだそうです。今はほとんどなくなってしまったので、キクタニギクを私たちが咲かせて、その菊渓というところにある料亭の玄関に飾ってもらったりもしています。フジバカマなど『源氏物語』に出てくる有名な植物も、保護育成活動を熱心に行っております。

樹木の本懐

京都の松栄堂のすぐ近くに京都御所があります。そこに行きますと、一年を通して緑が豊かですばらしく、さまざまな季節が楽しいんですけど、特にこの榎の木は私がとても個人的に好きな木なんです（写真20）。立派な、格好のいい大きな木です。散歩の時などに見ながら、ふっと、これだけの命を全うしているこの木の本懐って何なんだろうと考えるようになりました。

たとえば、この根のところに若い青年が腰掛けてフルートの練習か何かをしておられるんですが、早朝に行くとそんな場面に出会ったり、昼間でしたら子どもたちがお弁当を広

写真20　樹木の本懐

・我が身を育ててくれた
肥沃な大地をより豊かにして
次の世代に託すこと

・願わくば、
自らその一助となるべく・・

出所：（株）松栄堂

げて木陰で遊んでいたり、あるいはもちろん鳥が留まっていたり。枝の上では榎じゃない他の植物が繁茂したりしているわけです。よく見ると、蝉の幼虫がどんどんこの木を登って、一年中セミの抜け殻がくっ付いているとか、そんな状態なのです。しかし、この木の根っこがどうなっているのかと誰も問わないんですね。みんなその木を見て、地面の上に視覚的に見えるところだけで、「あの枝は邪魔やし切ってしまおう」、「落ち葉で掃除が大変」とか、そんな話ばっかりするわけですが、実はこの木がこれだけ大きな樹木に育つためには、この木と同じぐらいの根っこを地面の中に張っているわけです。この木をここまで育ててくれた豊かな大地、その豊かな大地をより豊かにして次の世代に渡すことこそが、この木の本懐だと思うんですね。

もしもこの木がここまで大きくなって、子どもたちに木陰を提供したり、人々に腰を下ろす根っこを提供したりすることが、この木の本懐だったとして、この木がここまで大きくなって豊かに育っていることで、この大地が劣化してしまっていたとしたら、この木はここになかったほうがよいということがはっきり見えてしまいます。

ですから、この木がここにこれだけ大きな命を全うしているというのは、この木がここまで大きくなれた大地をより豊かにして次の世代に託すことしか、この木の本懐はないと思うんですね。私はこの木を眺める中で、そのように考えるようになりました。もしも下の大地が品質の劣化したものを残してしまうんだったら、この木はなかったほうがいい。実は私たち自身がそういうものだと思うんです。次の世代に劣化した社会環境を、あるいは業務環境とか、自分が関わったあらゆるものすべてを劣化した形で次の世代に託すなら、自分自身は存在しなかったほうがよかったという結論が見えてしまいます。

そして、そのまた次の世代にどう託すかというのは、それは次の世代を信頼するしかないわけで、そこに口出しをしたくてもできなくなるわけですね。それが世代交代というものだと思うのです。自然界の中に私たち人間もあって、私のお香という企業活動の存在があって、自分だけが全く特別な環境にいるということはあり得ないんだということを教えられるのです。

源氏物語「帚木」

京都に生活をいただいているということは、本当に幸せだなと思っております。『源氏物語』の「帚木《ははきぎ》」という場面にこんな文章があるんです。これは切畑先生という染織の先生の講演を以前聞いた時に、この話をされて、なるほどなと圧倒されてしまったことがあります。

「…さてありぬべし。世の常の山のたたずまひ、水の流れ、目に近き人の家居ありさま、げにと見え、なつかしくやはらびたる形などを静かに描きまぜて、すくよかならぬ山の景色、木深く世離れて畳みなし、け近き籬の内をば、その心しらひおきてなどをなむ、…」

この「さてありぬべし」と書いている前には、「また絵所に上手多かれど」とあり、宮中の役所で絵を描く職人集団がいるんです。そういうところに集められた人たちは、全国から試験を受けて、大変絵のうまい人たちがものすごい技術で描くわけです。

たとえば、見たこともない蓬莱の山とか、唐の国のおどろおどろしい獣の姿とか、荒波が岩壁に当たってそこから飛び上がった牙をむいた魚の異様な姿とか、そういうものを描いて、本当におどろおどろしくて、私たちは驚かされて圧倒されます。

でも、『源氏物語』の中で「さてありぬべし」と紫式部は断じているわけです。「そういうものは本当は実在していないんでしょう」と見破ってしまっているわけですね。これは先ほどお話ししたように唐様というものを学びきって、漢字から仮名文字をこれだけ展開した人々です。平安遷都から200年しか経っていません。400年の平安時代の半分経った頃にこういうことをすでに小説に書いてしまって、それも仮名文字で書かれているので、私が今でも読めるという、とんでもないことが起こっているわけです。

「さてありぬべし」の後は「世の常の」と続きます。私たちの暮らしている日常の、というのは、京都、平安京の空気感です。

「すくよかならぬ山の景色、木深く世離れて畳みなし」。すくよかな山というのは、アルプスみたいに天にそびえる山です。逆に「すくよかならぬ」ということは、なだらかな、丸みを帯びた山の景色が「木深く」、木がうっそうと茂って緑がいっぱいで、「世」とは、

写真21　畑社長の講義風景

出所：早稲田大学ラグジュアリーブランディング研究所

人々が集まっている、いわゆる町ですね。平安京という都を離れて、「畳みなし」ていくというのは、折り重なって霞の向こうに消えていくという景色のことを述べています。まさに今、京都で見られる日常の風景の話をしているわけです。

「け近き籬の内をば」というのは、ぐっと近くに目を落として、垣に囲まれた自分の庭先を見てみると、「その心しらひおきてなどをなむ」。「心しらひ」というのは、庭を手入れしてくれている人々の日常からの気遣いですね。どの草を抜いて、どの葉っぱを掃除して、そしてどの花を育てるというような、庭のメンテナンスの「心しらひ」。そして「おきてなどを」というのは、石を置く時の決まり事とかそういうことだと思うんですが、そういうものがある庭先を絵のうまい人が描いてくれた時は、本当に懐かしく、心に優しくて、すばらしいじゃないのという、絵を描く人の話を書いているのです。

だから、彼女がここで言っている山の姿が、今も当たり前のように日常生活の中にあるというところに、とんでもない文化的な環境に自分がいることに気づかされてしまうのです。それと、それを1000年も昔に今の私たちが読める仮名文字で書いてしまっているということ、そして唐様を学んだからこそ自分たち自身の表現力というものがつらつら出てきたという和様の面白さ、そういうものがそこにあるのです。

私のお香の世界も、まさに大陸から学んだハードウェアとソフトウェアの知恵の中で自分たち自身の使いやすいもの、楽しいもの、また香りにアレンジメントをどんどん加えながら、それを今日まで伝えてきてくれたというように考えているのです。ですから、これからの時代も間違いなく私たちはそれだけをこだわってやっていこうと思っております。

ご静聴ありがとうございました。（拍手）

質疑応答

【若原（質問者）】 若原と申します。今日は貴重なお話をありがとうございました。自分自身、実は音大に行ってプロのバイオリニストになろうと思っていた時があって、今はちょっと違う仕事をしていますが、音楽の世界をひととおり経験しました。今日のお話をうかがいまして、香りの世界と音楽の世界、五感のお話もされましたが、すごく共鳴するところがあると思いました。

たとえば、オーケストラで弾いていても、今はCDだったり、CDじゃなくても今はいろいろなツールから音楽がダウンロードできて簡単に聴けてしまうなかで、実際にコンサートなどに行って、楽器のそれぞれの振動とか、それぞれの音色とか、演奏者の息遣いとか、そういうものを体験することが、私たちバイオリニストとか楽器を弾く人の意義というか、その曲を通してその時の歴史を感じてもらうとかが、本当の目的なのです。

今日の香りのお話を聞きまして、ユーザーがたとえばどういうもので構成されているとか、そういうところまで興味を持っていただければ、今私が言った音楽の話とちょっとリンクして、さらにいろいろ香りの文化が広がっていくのかなと思いました。

私は今、音楽とリンクさせましたが、それ以外に畑社長自身が何かこういうものにもリンクさせて、いろいろ共通の経験、体験を拡げていこうじゃないかと思うことがある、というような何かお考えがあれば、教えていただきたいと思っております。

【畑】 さて困った（笑）。でも、おっしゃっていただいたようなことだと思います。本当に。私は音楽のことは全然わからないんだけど、五線譜の世界って歴史的にはいつ頃だったんですかね。そんなに古いものではありませんね。

【若原】 そもそも昔は五線譜がなかったんですね。

【畑】 意外と新しいですよね。私はいつも思うんだけど、ご質問からはちょっとポイントがずれていると思っていますけど、許してくださいね。音楽のこと、西洋音楽のことでいつも思うのは、ドミソなんですよね。変な言い方ですけどね。ドとレの間は黒鍵がありまｓす。レとミの間も黒鍵がある。でもミとファの間は黒鍵はないんです。本当に不思議だなと思うんですけど。それ以外の音って基本的に許容しないですね。

【若原】 西洋は、ですよね。

【畑】 ところが東洋の音楽というのは、「ゆらぎ」という言葉があって、この音からこの音へ移るこのゆらぎ、ストレートに行く必要もなくて、ゆれて行きますでしょう。まさに不純物を許容する世界だと思うんですね。

それが私の香りの世界にも同じことがいえまして、今の時代、アロマセラピーという言葉が有名ですが、エッセンシャルオイルをいかに掛け合わせて、常にある一定のものをずっと享受し続けるかという考えですよね。ところが今焚いているこの香り、これをずっと再現し続けられないと思っているんです。この香りはある一つのストライクゾーンみたいなものが設定されて、その中にはまっていたらオーケーなんですね。常にピンポイントで同じものが復元できないのです。

というのは、白檀《びゃくだん》だったら、白檀という素材のエッセンシャルオイルを抱きかかえている繊維質とか不純物を全部許容して火をつけちゃうわけです。その辺が音楽でいうゆらぎと私たちのお香でいうゆらぎというのか、不純物みたいな作用というのはとても東洋的だなと思っています。

そんなことをいつも考えていて、松栄堂の香りでも、おかげさまでかなり人気のある香りがありまして、自信作というものがある。それだけ愛好家がいてくださるなら、ぜひスプレーにしたり、ディフューザーなんかに開発したらいいのにとご提案もいただきます。

レシピはわかっています。でも、レシピはわかっていても、エッセンシャルオイルでそれを再現しても、違うものになってしまう。奥行きとか面白みがなくなるんですね。そんなふうなことがまず音楽ということになると、いつも感じることです。

でも、ＣＤでどんなに楽しんでも、指揮者の汗が飛んでくるとか、息遣いとか、そんなものは絶対現場でないとわからないですね。なるほど。またちょっと切り口が増えました。

【若原】「香りのさんぽ」、こういう体験ができるところを提供されるというのはすばらしいことだなと思いました。

【畑】 ありがとうございます。私が香りを考える時にほかのものとミックスさせたというのは、香りを作る時、頭の中にいろいろなものを、私だけじゃなくてうちの会社のみんなと話す時に考えるんです。たとえば、童話、物語と香りとか、そういうこともしますし、たとえば、朝昼晩の香りとかそんなものも。

その時に何をコンセプトにするか。朝は何だ、「モーニング・ブリーズ（MORNING BREEZE）」とか、それから昼はといったら、摩天楼の谷間なんです。「パッシング・バイ・ア・レディー（PASSING BY A LADY）」といって、摩天楼の谷間で、カッカカッカッとパンプスの音と擦れ違った時のような。そうかと思うと、星のまにまにという、これは

「アマング・スターズ（AMONG STARS）」。何から来ているかというと、実は『フライ・ミー・トゥ・ザ・ムーン（Fly me to the moon）』というジャズなんです。ご存じですか。『フライ・ミー・トゥ・ザ・ムーン』というすばらしい曲があって、そのままのタイトルでは駄目だと思って、「アマング・スターズ」だなと。そんな調子でコンセプトを作って、音楽のイメージを大事にしながら香りを作っています。

【若原】ありがとうございました。

【杉本（質問者）】杉本と申します。今日はお話ありがとうございました。そこにいるベルというタイからの留学生はファミリービジネスの研究をしていまして、修士論文で老舗企業のことを書きたいと言っています。日本語が不得手なので、私が代わりに3つほど質問いたします。

1つ目は、競合他社と比較して松栄堂さんの差別化要因というか、強み、違う点についてです。社長のお立場からのお考えは聞かせていただいたと思いますが、お客さまから見て、松栄堂さんはほかと何が違うというふうによく言われることがあるのか、というところをまずお聞かせください。

【畑】クオリティでしょうね。クオリティというのは、商品の品質だけではなくて、あらゆるクオリティなんです。私たちの仕事ぶりというか、表情とか言葉遣いとかすべてのクオリティが、それを維持し続けるって本当はできないという瞬間もあるんですけど、基本的には意識は非常に高いところに持っていると思います。

私はいつも社内でよく言うんですけども、せっかく時間を割いてみんな集まってやっているのに、クオリティ感の低いところでどうのこうのと相談していると面白くないと思っているんです。うわーっと相談して、「これで行こう！」というように、もっと高い位置で相談をしようと言っている。そういう意識は常にみんなで持っていてほしいと思っているんです。年配だとか、新入社員で経験がないとか、それは関係なしにですね。そういう意味でクオリティ感を常に少し上昇方向で維持し続けるということが大事だと思っています。

【杉本】 それがお客さまにも伝わっていって、そのように評価されているということでしょうか。

【畑】 そうですね。

【杉本】 ありがとうございます。今いいお答えをしていただいたので、次の質問です。ファミリービジネスをやっていらっしゃるので、世代交代をして、そういった価値観を引き継いでいくというのはとても大事で、かつ難しいと思うんですけれども、継承がうまくいっているのかどうかということと、もし難しければ、その難しさをどう克服しているのかというところをお聞かせください。

【畑】 今のところ、私も父の世代から引き継がせてもらった人間ですし、また私も次の世代に引き継ごうとしている人間ですよね。うまくいっているかと問われて、単純に答えられませんけど、うまくいってほしいな、うまくいきそうかなみたいな。何とか次の世代が引き継いでくれるのかなという感じなんですけど。

【杉本】 それは普段のコミュニケーションで何か気をつけていらっしゃるとか、あるいは商品でこういう「背中を見せる」みたいなことをやっていらっしゃるのでしょうか。

【畑】 具体的に、たとえば、次の時代の社長を誰がやるかという、そういう継承の話もあるんですけど、もっと大きく、次の時代の松栄堂を預かってくれる人たちのチーム感みたいなものが、どのようなところで活力を持ってやろうとしているかということが大事だと思うんです。そのチームの社会的な認知をいただく時のリーダーとして、誰が社長職を預るかということになりますね。その時にファミリービジネスの側面というのがとても大きく出てくると思っています。

私の場合、長男がいてくれますが、彼にバトンを渡すと頭から決めているわけではないんですね。それを決めるのは僕と彼ではなくて、周りの皆さんだと思っています。周りのみんながそれを安心して、心配なく、良かったと思ってくれることがとても大事で、そのことをありがたいと思って、責任を持ってバトンを預かってくれる人が彼（長男）であってほしいと私も願っています。私が願っているからおまえがやるんやでと、単純に私と彼の2人で決める問題では絶対ないと思っているんです。そこのバランス感みたいなものがとても大事なんじゃないかな。

たとえば、うちのように、非上場企業の中小企業にも一応株があって、それの株価評価というのは常に問題になることですよね。非上場株、全くキャッシュにならないのに、それを資産として計上せざるを得ない、その時の相続とか財産に対する評価の問題という大きな、今は社会的にようやく改善に変わりつつありますけども、そういうものに対する対応をどう作戦を立てて、いざという時のために対応力を養っておくかという、これはまた全然別の技術的な話になります。それも大事なことだと思っています。

ファミリービジネスという側面を考える時に、私が大事だと思っているのは、そのファミリーが存在することがファミリーにとっていいか悪いかの問題以上に、その存在が、そのファミリービジネスに関わる人たちみんなにとってプラス要因であるべきなんですね。それは、そのファミリーがなければ、なくても事業としての展開はできるんでしょうけども、重みとか深みとか面白みとか説得力とか、そういった数字でなかなか作れないような付加価値みたいなものが、そのファミリーが存在することによって活動全体に及ぼしている効力になるからです。そして、そういうものが一体何なのか、きちんと真摯に検証すべきだと思うんですね。

それは、ファミリービジネスという場合、そのファミリーが責任を全うしていかないといけないわけですから、そこのバランスが大事だと思います。

【杉本】 とてもよくわかります。ありがとうございます。3つ目の質問につながって都合がよかったんですけれども、そのファミリーメンバーが長く存続していて、それを継承していって、周りの人ともよくやっていくということが一つの形で強みになっていると思います。家族以外の従業員の方で、たとえば、長く働いている従業員の方で家族以外の方というのはたくさんいらっしゃるのかということと、そういう長く働いて会社のことをよく理解しているということが強みになっていくのかというか、社長にとってそういうことを続けていきたいのか、それとも新しい風をもっと入れるということに重きを置きたいのかという、その辺りをお聞かせいただけますか。

【畑】 松栄堂の場合は、新しい風を入れるというのはとても難しいと思っています。難しいというか、結果そういうことも起こっているんですけども、あまり意識的にはしないですね。自分たちではね。

日本的といわれたらそれまでですけども、ライフワークとして、松栄堂にずっと勤務してそのまま引退していかれる方というのもたくさんいるんですよ。本当にたくさんですね。男性も女性も。それはとてもありがたいことだと思います。経験値というすごいパワーがそこに蓄積しているわけですから。

【杉本】 最後に、これは私からの質問です。これからお香とかインセンスとかいうものを今の若い世代、あるいは海外のお客さまでもいいのですけれども、既存のお客さまじゃない新規顧客層へアプローチする必要があると思います。これからのビジネスの展開について、何かお考えがあればお願いします。

【畑】 あまりないんです（笑）。マイペースなんです。実はこういうふうな歴史、文化の何か気楽な話をしているなと思って聞いていただいたようなことが、実はすごく新しい世代の人たちの開発につながっていると私は思っているんですけどね。

だからこそ、学校に講演で呼んでもらったり、海外にも呼んでもらったりもします。実際、海外から松栄堂に足を運んでくださる方も非常に多いですし、それはさっき言ったクオリティが、お客さまの声をもって次のお客さまを呼んでくださるわけです。「京都へ行ったらぜひ松栄堂にも寄ってごらん」というふうなことをおっしゃっていただけることはとてもありがたいと思っています。

リスンの店頭でも、ちょうど昨日（11月16日）、オーストラリアから3人ほどの方が見えました。実はそのうちの1人はヘビーユーザーで、その方が自分の友だちを連れて来てくださいました。リスンの仕事は世の中一般から見ればびっくりするほど細かい仕事なんですよ。でもリスンの香りをこちらが心配になるほどまとめて買ってくださる。それもものすごく信頼をして、自分の生活の中にはこの香りがリズムとしてあってほしいと願って来てくださるわけですから、それが自分たちのしている仕事の自信になるんですね。本当にそういうことの積み重ねばかりです。

【杉本】 ありがとうございます。

【長沢（司会）】 ちょうどそういうお話になったので、お訊きします。今インバウンドがすごいのですが、私が京都の本店にこの間行った時も、中国人の観光客の方がごそっと買っていくところに遭遇しました。中国なんて、むしろお香の本場のように思うのですが、インバウンドの影響はやっぱり大きいのでしょうか。

【畑】 ないと言ったら嘘になるんですけど、でも全体から見ると小さいものですね。たまには観光バスとかで大勢見えたり、大型のタクシーで見えたりしますから、その瞬間は店の中が混雑することがありますけど。毎日海外からお越しいただきます。ヘビーユーザーもいらっしゃるけど、実際わからないんですね。ご自身が本当にお使いになっているかどうかとか、なかなか難しいです。

ぜひ（海外に）進出しないかという話に対しても、私は全く動かないんですね。動く気がないというか。いろいろな理由があるんですけど、松栄堂の香りを作り続けるために、原材料の調達というのはとても大きな仕事なんです。その難しさを知っている以上、大きなマーケットを耕しに（海外に）出るなんていうのは愚の骨頂と思っておりまして。それとさっきのクオリティの維持を考えれば、自分たちのペースを絶対失わないこと。必要な方は必ずそのクオリティへ来てくださることを知っていますので、自分たちの地に足の着いた歩みというものを失わないことというのは鉄則ですね。

【長沢】 ありがとうございます。もう時間が迫っていますが、一言、畑社長のお考えになる「松栄堂らしさ」というのは何でしょうか。

【畑】 自信のある日本の香りをお届けすることです。

【長沢】 ありがとうございます。名曲『フライ・ミー・トゥ・ザ・ムーン』は、出だしが「レット・ミー・プレイ・アマング・ザ・スターズ（Let me play among the stars）」となって、そこから「アマング・スターズ」というお香になったとのことでした。老舗のご主人ながら、洋楽や米国に詳しい畑社長ならではのセンスと感服しました。

曲は、続いて「レット・ミー・シー・ホワット・スプリング・イズ・ライク・オン・ジュピター・アンド・マーズ（Let me see what spring is like on Jupiter and Mars）」と続きますから、「木星の春」とか「火星の春」という名のお香も、きっとこの次に出てくるんだろうと勝手に思っております。（笑）

今日は京都から香老舗 松栄堂の十二代目当主、畑正高社長にお越しいただいて講演いただきました。どうもありがとうございました。（拍手）

〔注〕長沢伸也編著、早稲田大学ビジネススクール長沢研究室（入澤裕介・染谷高士・土田哲平）共著『老舗ブランド企業の経験価値創造——顧客との出会いのデザインマネジメント』同友館、2006年

3

創業四百年　京唐紙の唐長

――ブランディングとは、根っこを変えずに作って売ること

ゲスト講師：唐長　11代目当主　千田堅吉
唐長ＩＫＵＫＯ　代表　千田郁子
開催形態：早稲田大学ビジネススクール「感性マーケティング論」〈第9回〉
日　時：2017年10月26日（木）
会　場：早稲田大学早稲田キャンパス11号館903号室
対　象：ＷＢＳ受講生
音声起こし：早稲田大学ラグジュアリーブランディング研究所

●会社概要●

株式会社唐長

代表取締役社長：千田堅吉

設　　立：1965年(昭和40年)

創　　業：1624年(寛永元年)

資 本 金：1,000万円

本社所在地：

〒606-8027 京都市左京区修学院水川原町36-9

TEL 075-721-4421　FAX 075-320-2523

千田《せんだ》 堅吉《けんきち》　略歴

1942年生まれ。京都工芸繊維大学工芸学部色染工芸学科卒業。化学商社を経て1970年4月、株式会社唐長入社。1975年5月、代表取締役社長就任、現在に至る。

【長沢（司会）】「感性マーケティング論」第9回目のゲスト講師として、創業四百年、京唐紙の老舗である唐長《からちょう》十一代目　千田堅吉ご当主と、唐長　ＩＫＵＫＯ代表　千田郁子女将を京都からお迎えしています。

２００９年にゼミＯＢの山本典弘氏と共著で日本感性工学会論文誌に「京唐紙『唐長』にみる伝統と革新―究極のしつらいと経験価値―」という論文を掲載して以来のお付き合いでお呼びしました。それでは、まず千田堅吉ご当主にご登壇いただき、エルメスとのコラボについては郁子女将にお話しいただきます。拍手でお迎えください。（拍手）

唐長について

【千田】京都から参りました。あらためて自己紹介しますが、唐長という屋号で、２０２４年で創業四百年になるのですけれども、その十一代目当主の千田堅吉でございます。よろしくお願いします。

この講座は、詳しくはわからないですけどマーケティングですよね。私のところは代々、父親が特に言っていましたけども、「作るばかりじゃなく売ることも一生懸命やってきた」と。それで約四百年経っていて、京都独特の言葉だと思うんですが、作って売るということは「職商人《しょくあきんど》」といって、そのとおりなんですけども、ものを作り売る。同時に、顧客がおってこそ作って売るということが成り立つので、平たくいえば町のパン屋さんとかああいうところが、奥でご主人が作って、表で奥さんが売っているという、そういうスタイルでずっと来たもので、絶えず顧客とともに唐長はあるというところで、決して作家でもなく芸術家でもないといったスタイルをずっと通してきました。

この時代になるとやや特殊化されまして、というのは明治時代以降、江戸時代で流行ったものがどんどん廃れていって、海外からの文明ものに替わりました。唐紙というのは版画の一種なんですけども、いってみれば印刷なんですよね。それを、海外から新しい印刷機械だとかが明治以降にどんどん入ってきたらしくて、江戸時代に繁盛していたほとんどの仕事が廃れていったという時代に遭遇しまして。身近な版画で『北斎漫画』とか葛飾北斎のものが今とても芸術価値がある。ああいったものと同時に唐紙も海外に流出していったり、それほどじゃないけども現在、ヨーロッパのほうにかなりコレクションされておるんです。

2、3年前、ある取材に同行しまして、ロンドンの「キューガーデン」という公立ミュージアム（王立植物園）ですか、そこでかなりのコレクションがまさに唐長製という、これを確認に行ったんですけど、そのとおりで、江戸時代の唐紙が、資料がロンドンにあったのです。あと、オランダとかフランスとか、あちこちのミュージアムにあるらしいんですけども、特に多くがロンドンのキューガーデンというところに、アルバートミュージアム（ヴィクトリア・アンド・アルバート博物館）にも一部あるようですね。ということもあって、今や唐紙は貴重なものになってしまいました。

そんななかで作って売るというところで、明治時代は大変な時代やったようです。要は顧客離れしていった。だから、そこでいろいろな辛抱もしたでしょうし、たとえば、私のところで江戸時代に彫られた板木を今も使っているんですけども、明治の初め頃に将来を悲観したのか、1か月の間に250枚ぐらい割って処分して、風呂炊きにしたんだという古文書も残っておるぐらいで、かなり困窮したんじゃないかなと思うんですけども、それがまた大正時代に復活しました。

唐長の歴史とはこういういろいろ波があったり、何かあったり、今はちょっと認められているというか、認知度が高まっておりまして、そのなかで今、私が十一代目で年齢もだいぶ重ねましたけども、ずっと今も当主でがんばっています。

最初、プロフィールがてら、唐長の歴史的なことを申し上げましたけども、唐紙ってこういうものだということです。

ビルの外観に唐長文様が

いきなりですが、これは京都の四条烏丸というところで、今や京都の中心地になっておりますけども、COCON《ココン》 KARASMA《からすま》というビルがありまして、正面のグリーンの、これは実は唐長文様なんです（写真1）。幅がちょうど30メートルのガラスで覆われ、かなり拡大されてファサードに描かれています。この場合は雨風に耐えられるようにガラスにプリントしているんです。夜はライトアップしたり、かなりの名所になっております。この文様が実は13年ほど前に初めて外に出たという、画期的な事例なんです。この建物自体は古くて、リニューアルしたんですけども、これに関わった方が著名な建築家の隈研吾さん。隈さんはこういう唐長の文様が大好きな人で、ちょくちょく見えたりしていて、今

写真1　京都・四条烏丸《からすま》 COCON《ココン》 KARASMA のビル外装に唐紙文様

出所：唐長

写真2　COCON KARASMA のビル外装に使われた唐紙文様・天平大雲《てんぴょうおおぐも》

出所：唐長

度改装するにあたってぜひ唐長の文様を使わせてほしいというリクエストがあって出来上がったものです。スライド画像（写真2）を見てもらいたいのですが、実際に使われた柄はこれなんです。「天《てん》平大雲《びょうおおぐも》」といって、天平時代の中国から来たような雲の文様で、これが先ほどのファサードにうんと拡大されて、そばへ行くとわからないぐらい大きくして装飾されております。これはどういうことかというと、やっぱり天平大雲というのは上のほうに、雲ですから上昇するという縁起文様。唐長文様というのはほとんど縁起文様なんですけど、天平大雲はその一つで、今やかなりいろいろな方々の目に触れて有名になりました。

これには面白いエピソードがあって、うちの柄では琳派模様がすごく多いんですが、尾形光琳が描いた波文様をモチーフにした光琳大波紋がものすごくモダンで、ここに使ったらすごく格好いいなと隈さんとも言っていたんやけど、うちの娘が横っちょから口出しして「天平大雲の柄がいい」と。これでくるっとひっくり返ってしまったというエピソード。そんなことがあって、それから天平大雲は日の目を見ると有名になってしまって、いつの間にか代表的な文様になりました。６５０種の中で一番有名になってしまいました。

これ（写真3）が原版の板木といって、縦が約30センチ、横が45センチぐらいで、これは全部四方がつながるようになっておるんですけども、主に襖《ふすま》の用途が多いんです。横を倍に足して90センチで、縦が6段。要は畳1畳分ぐらいの大きさですが、これは四方につながっていきますので、このおかげで京都のあの四条烏丸のビルの天平大雲もつながっています。

写真3　COCON KARASMAのビル外観に使った天平大雲文様の江戸時代開板の原版板木

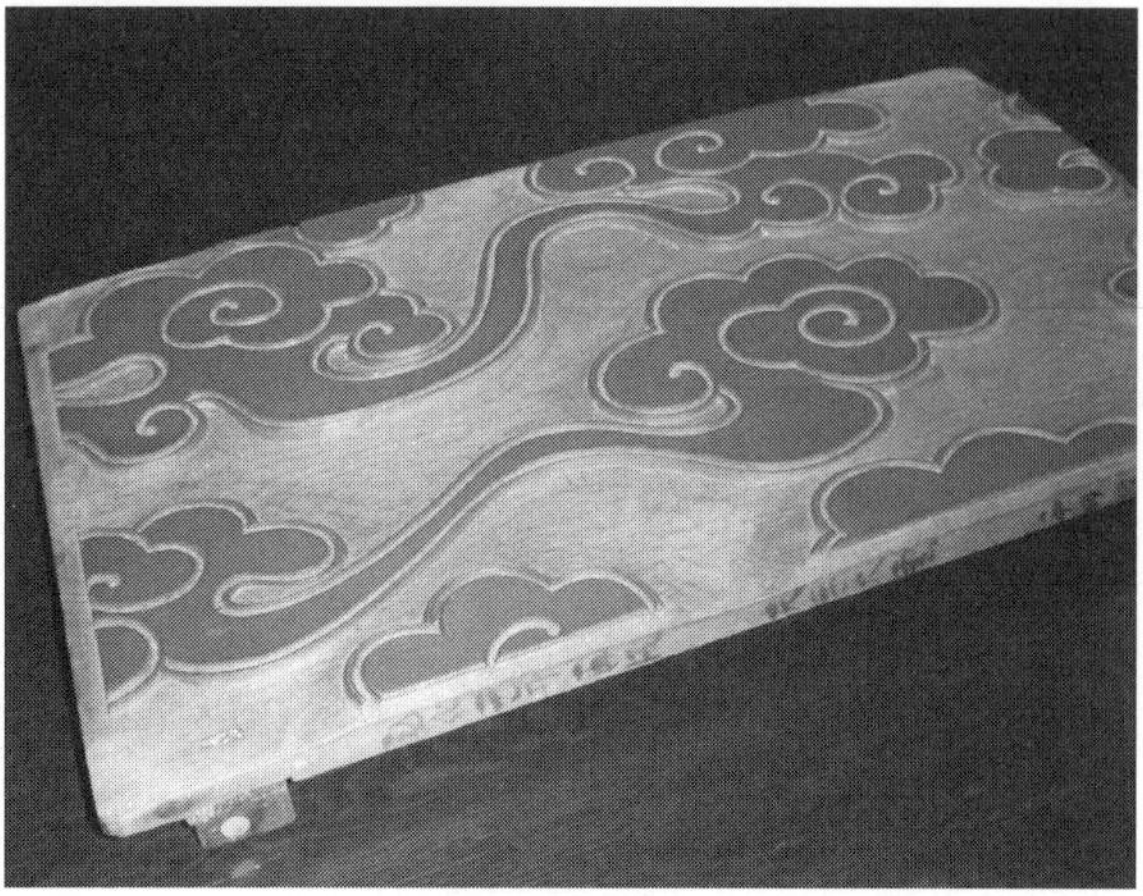

出所：唐長

これは原版なんですけども、江戸時代の弘化3年という裏書きがありますが、こんな小さな30センチ×45センチが思いきり拡大すると、所々古いから欠けているんです。この欠けを修正しないように強調しておいたんですけども、結果はそのまま欠けたままなんです。ここから、これをモチーフとしてできたというのを後の時代になってもわかるように、決して修正しないようにということで押し通しました。

唐紙の板木

写真４　唐長の板木蔵

出所：唐長

　これが唐長の代々大切にしている板木といって、先ほどの雲の大きさと同じで、江戸時代に彫られたものがほとんどで、大きさの違った明治、大正の板木も多少ありますが、総数で約６５０種残っております（写真４）。

　残っているということは、父親の言い伝えですが、数千枚は彫ったと思われ、その中でいい柄だけ、いい文様だけが残っているということです。だからいつの時代にも、顧客あってこその仕事ですから、いつの時代でも受け入れられてきた優れた文様が使い切れんほど６５０種も残っていまして、これをもとにいろいろな展開をしているわけです。

唐紙の用途

今の現代の中では多様性というか、いろいろな広がりがありまして、インテリアばかりということではなくテキスタイルとか、あるいはもともと字を書く紙からスタートしているので、相変わらず便せんとか小さい名刺に至るまでこの唐紙の用途が広がっておりまして、もともと書く紙からのスタートでしたが、今ではインテリアが主流になっております。今の時代は特にいろいろなアイデアというか、唐長もこんなすばらしい柄を持っているというところで、いろいろな方々とコラボが始まっております。それでブランド価値がかなり上がってきまして、特に海外の方々に注目されております。

そんなふうで、襖の唐紙、壁、屏風に使う唐紙から、だんだんと今の時代、特にいろんな情報が唐長のほうにもたくさんあり、あるいは専門的な方々の出入りも多くなってきましたので、いろいろなアイデアが実現して、ありがたいことに今の時代の一つの特徴かなと思っております。

これに加えて6年半後に創業400年ですから、イベントもいろいろ考えてもらっている人も多くなってきまして、たとえば、ドキュメンタリー映画も一例ですけども、ここ2、3年ぐらい撮影があると思うんですけど、今後どういうことになるのか僕らは全然わからないけど、これは監督（松本貴子さん）次第で、うまくいければなあと思っております。監督さんが撮った草間彌生さんと山口小夜子さんの映画も世界でもかなり話題を集めているらしくて、それにあやかってということもあります。そんなことも密かに願いながら撮影に関わっています。

唐紙をつくる

これはビデオもご覧になったかな？　少し補足しますが、それの画像やけども（写真5）、板木が小さく覗いていますけども、ああやって絵の具を付けるほか、あれは室町時代から変わらない道具なんですよね。これ自体は500年も前のものではなく、それでも100年ぐらい経っているかな？　父親が若い頃に指物師《さしものし》（注：指物とは釘など使わずに木と木を「ほぞ組み」で作る木工器具）に作ってもらった道具ですが、父が存命してい

写真5　唐紙制作

出所：唐長

たら100歳以上になっていると思いますが、ともかく古いんです。

ちょっと駄じゃれをいってしまうと、この道具の名前は「篩《ふるい》」。新しくてもふるい(笑)。駄じゃれが好きなかみさんがそういうことを言うタイプで、ちょっと代弁しましたが、そういう道具です。ただ、道具はこれらだけで、極めてシンプルな作り方です。あと、ほとんどハンドメイドの手作りなんです。

珍しい道具というと、篩ですよね。それと絵の具を調合する容器と刷毛《はけ》。それだけですべてやってしまうんです。あと、大切な板木があります。このセットで大体のものは作ってしまうということです(写真6)。

写真6　唐紙に使う道具一式

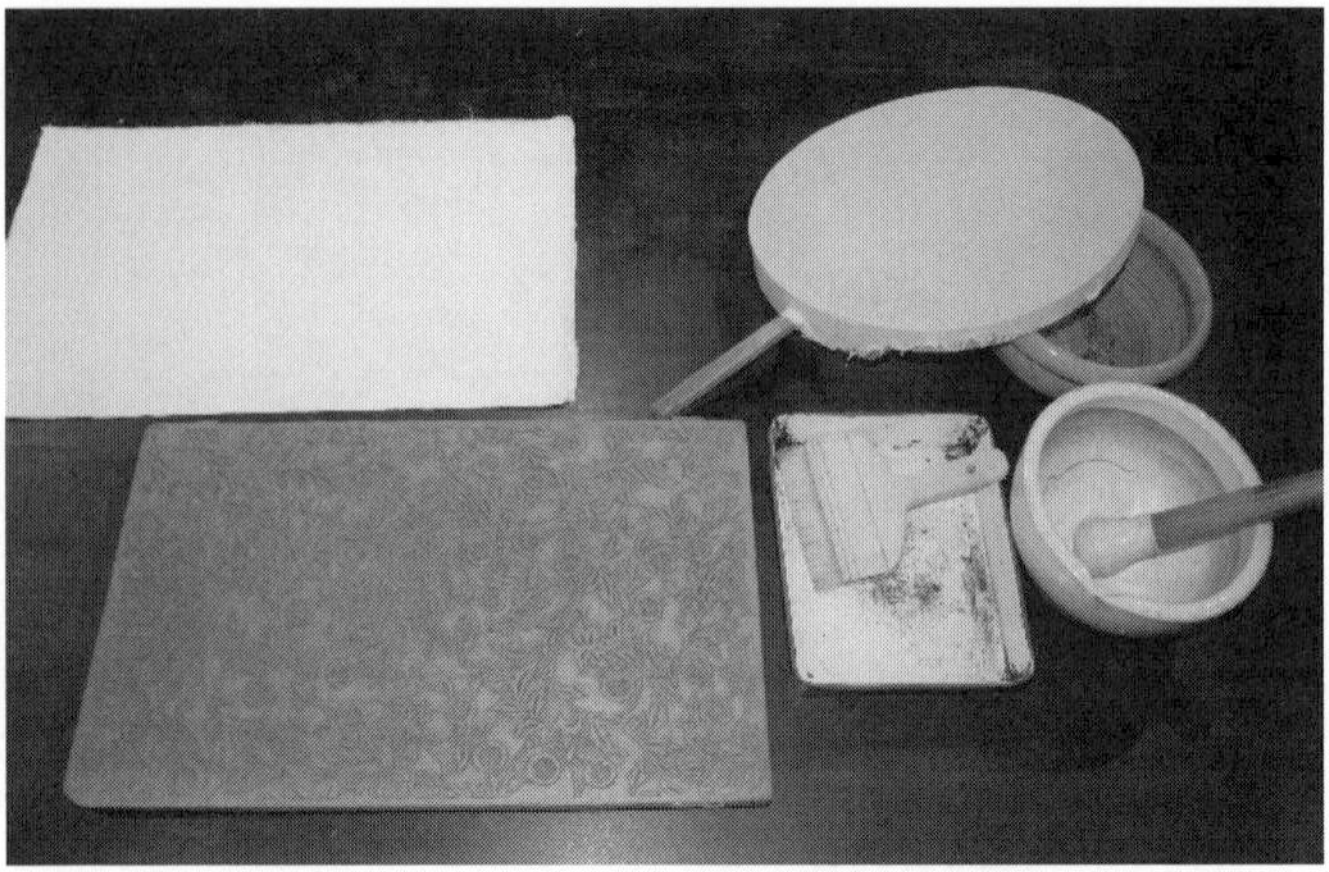

出所：唐長

これだけ道具が少ないということは、昔からの古いスタイルでやっているということに行き着くんです。

以下、唐紙を作る工程を説明します。

絵の具はたったこれだけの3色です（写真7）。色の3原色で、印刷のインクと同じように3つの色でいろいろな色をこさえるという、これもシンプルな色の調合です。

これ（写真8）は「キラ」と「胡粉」といって、この2つの白い絵の具をベースにするんです。これが唐紙の特徴なんです。キラというのはきらきらっとするから、要は雲母なんですよね。これをベースにする。

そこに先ほどの3つの色を工夫して混ぜて、いろいろな色をこさえる。それと写真

写真７　唐紙に使う黄色、赤色、青色の顔料

出所：唐長

写真８　キラ（雲母）と胡粉

出所：唐長

写真９　絵の具の調合

出所：唐長

８の右側の胡粉ですけども、マットというか艶のない絵の具で、原料は海の貝殻のカキです。これが昔から使われて、白い絵の具として、そこに先ほどの赤とか青とか黄色をミックスして、いろいろな色をこさえる。これが唐紙の極めてシンプルな色作りなんです（写真９）。

それから、写真10の糊は「ヒメノリ」と書いてあるでしょう。その下の網目のものは「フノリ」といって海藻なんです。自然のもので、ヒメノリというのはでんぷんの多いもので、米の糊のことです。これを調合した絵の具に混ぜて、いってみれば版画の色作りをするんですね。

このように色を作って、文様を摺ってい

写真10　糊

出所：唐長

写真11　板木に絵の具をのせる

出所：唐長

写真12　文様を摺る

出所：唐長

くんです。ただし、いきなり絵の具を刷毛で板木の上に塗ると板木の隙間に絵の具が埋まりますから、一旦篩に絵の具を塗って、その篩の絵の具を板木の文様に付けます（写真11）。

こうやって何度もめくっては色を重ねていくんです。その時にずれないようにします（写真12）。

唐紙の実例

出来上がった唐紙の実例として、主にこういう襖が出来上がります（写真13）。

写真14の桜の文様ですけども、かなり今では有名なというか、よく流行っている桜の柄。町田市に「武相荘《ぶあいそう》」という家がありますが、現在は白洲次郎さんと白州正子さんの記念館になっていて、そこに行かれたら襖がはまっておるんですけども、実際を見ていただくとかなりきれいな唐紙です。

洋間の写真（写真15）は唐紙を壁に張った実例です。洋家具とすごくマッチするんですよね。ランプもアンティークランプで、こういう実例の唐紙は陰影効果が出て、すごくいい雰囲気になります。洋間でも合うということです。

キッチンの写真（写真16）は、水回りとかキッチンの壁に唐紙。唐紙は水に弱いもので、ガラスで挟んであるんです。建築の分野で、こういうことも華やかな水回りとして有効です。今ではそれほど流行っていないけども、施工がなかなか難しくてちょっと難儀している人が多いです。そういうハンディもありますけども、一応こういうものもあります。

写真13　唐紙襖実例見本

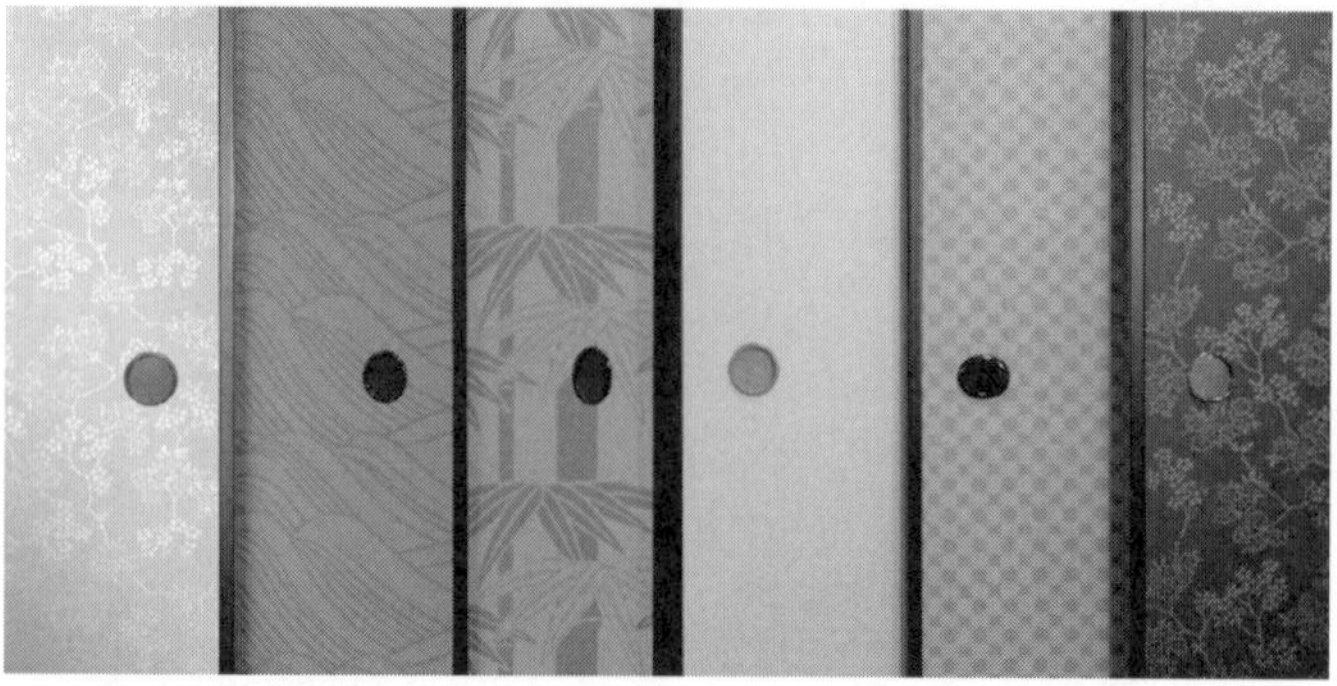

出所：唐長

写真14　枝桜文様の襖

出所：唐長

写真15　洋間の壁に瓢箪文の唐紙を張る

出所：唐長

写真16　水回りのキッチンの壁にガラスに挟んだ信夫の唐紙

出所：唐長

写真17　大牡丹の唐紙を天井に張る

出所：唐長

写真18　洋間に市松文様の屏風

出所：唐長

これは牡丹の文様を天井に張った実例写真（写真17）です。こういうふうに天井もきれいな色で演出すると、いいお部屋になるというか、雰囲気のある実例です。

これは唐紙を市松に張った屏《びょう》風《ぶ》写真（写真18）ですが、これとかパーティションにして洋間にも使えます。昔から屏風ってありましたけども、こういうモダンな感覚でよくやります。

この写真は東京のギャラリーで展覧会をやった時の展示風景です（写真19）。こういうオランダ風の建物の中でも、このようなパーティションがよく合うなという実例です。

写真20　マンションエントランスに唐紙パネル

出所：唐長

写真19　洋間に鶴亀文様の屏風

出所：唐長

写真20は東京の高級マンションのエントランス。正面の、ちょっと見にくいけども、縁起のいい文様を全部コラージュしまして、これにモダンな感覚で仕上げました。要は、縁起がいいということは同時に建物を守るという、末永くいい状態で残っていくという、そういう願いを込めたしつらえで唐長の唐紙というものがうまく使われている。そういうことの実例です。

これも家具とのコラボ展で、ベッドの後ろのほうに唐紙（写真21）。これも竹ってものすごく縁起がいいですから、こういう赤い色でモダンな感覚で。これはイタリアの「カッシーナ」とのコラボで、

写真21　壁に赤色の大竹文様

出所：唐長

こういう現代的な洋家具とのコラボをよくやるんですよね。

これはランプ。このランプってなかなか小さいランプですけど、シェードだけ取り外して、簡単なものですけど違った唐紙をくるっと巻いて楽しむ（写真22）。身近なものですけど、よくコラボしています。人気がものすごかったです。

これはレストランの壁パネルで使われています。銀座のレストランです（写真23）。

写真24は竹の文様ですけども、左側はお寺で曼殊院《まんしゅいん》というところがありまして、300年以上張り替えないままです。緑地の竹文様でおそらく350年ぐらい経っているのかな？　部屋は竹の間という名前が付

写真22　薄い和紙の唐紙ランプ

出所：唐長

写真23　赤地に白の兎桐パネル

出所：唐長

写真24　左：お寺の壁に雲竹文様、右：マンションの壁に雲竹文様

出所：唐長

いていまして、結界してあって手に触れないようにされていますが、一般公開されています。右側は、同じ型でマンションに使った例で、赤地の竹です。これは何で赤い竹になっているかというと、フロアも赤系の色で、ちょっと溶け込まそうと思いました。オーソドックスに緑系にすると却って派手になり、最初はいいけども、飽きてくるんです。だからちょっと落ち着かそうということで、色で工夫しています。

これは文様が渦巻文様で、文様のルーツに触れますが、唐長文様にアイルランドの文様がよく似ているのがいっぱいあるんです（写真25）。アイルランドというのは日本から1万キロも離れたところで、アイル

写真25　渦巻き資料

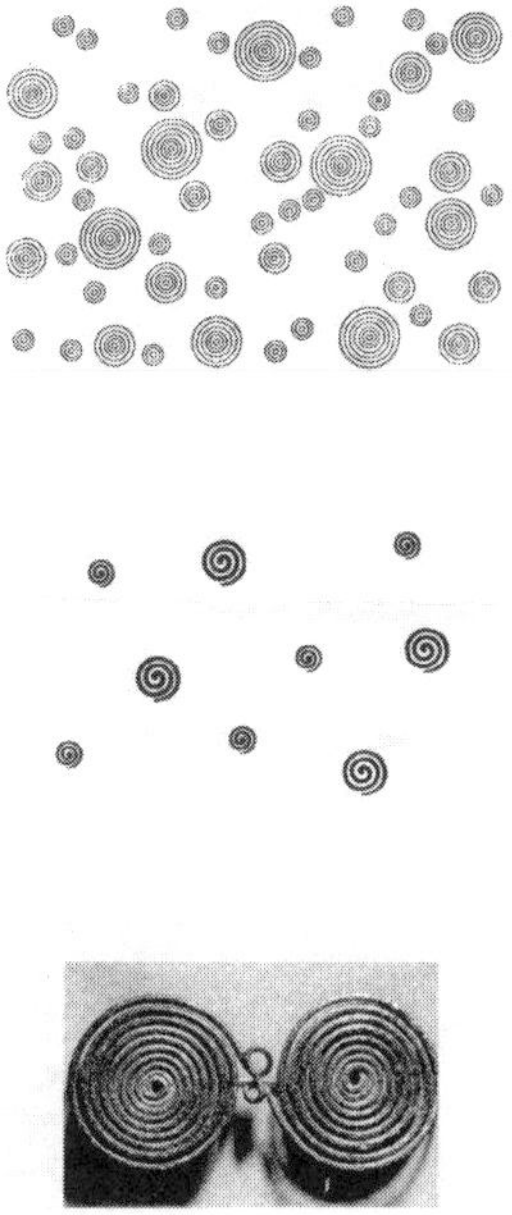

唐長文様「細渦」
開板　江戸後期

唐長文様「太渦」
開板　江戸中期

渦巻きの装飾（紀元前700）
オーストリアの
ハルシュタット先史博物館蔵

出所：唐長

ランドの文様と日本のこういう唐長文様とほぼ似ているのがいっぱいあるというのはとても不思議です。どこから来たんやろうというぐらいに神秘的です。実はその辺がどんどんわかってきまして、文様の元の元というのは渦巻文様らしいんです。絶えず永遠に広がっていくという、そういうことで、歴史的にも写真の一番下の渦巻きの飾り物ですけども、先史時代とかだったかな？紀元前７００年前です。それだけ古い渦巻きがありまして、唐長にも渦巻文様が何種類かあります。

渦巻きはお茶の柄としても好まれています。渦巻文様。線が細い渦巻きが裏千家好みで、太いほうは武者小路千家好みです。またお茶の道具にも使われ、襖にも使われています。すごく渦巻文様ってシンプルですけども、モダンで、何か謂われがいっぱいあって、なかなかいい柄なんです。

これは「縮緬縞《ちりめんしま》」というんです（写真26ⓐ）。江戸時代に彫られた板木で弘化3年ぐらいかな？　江戸後期です。実はこの縞模様は、エジプトのナイル川をモチーフにしていて、エジプトの王様の墓石にこれが彫られてあった。どういうことかというと、王様があの世に行かれてもナイル川がそばにある。要は恵みの川ですから、ずっと王様のそばには必ずナイル川があると、そういうことを願っていたんでしょうね。それが何でか、エジプトから日本にたどり着いて、こんなふうになるんですね。

そしてこれ（写真26ⓐ）は、あとでかみさんから詳しく説明しますけど、今年（2017年）7月、エルメスとコラボした手帳です。現物を持ってきましたけども、この縮緬縞が使われまして、手帳の表紙になりました。

これ（掲載省略）は室町時代から続く唐紙師の職人絵図です。室町時代の職人さん、唐紙師がすでにおったんですけど、その絵に先ほどの篩もあるでしょう。このとおり今も使っている。この道具を使って唐紙を作っています。

写真26　エルメスとのコラボ手帳

(a)表紙は縮緬縞《ちりめんしま》

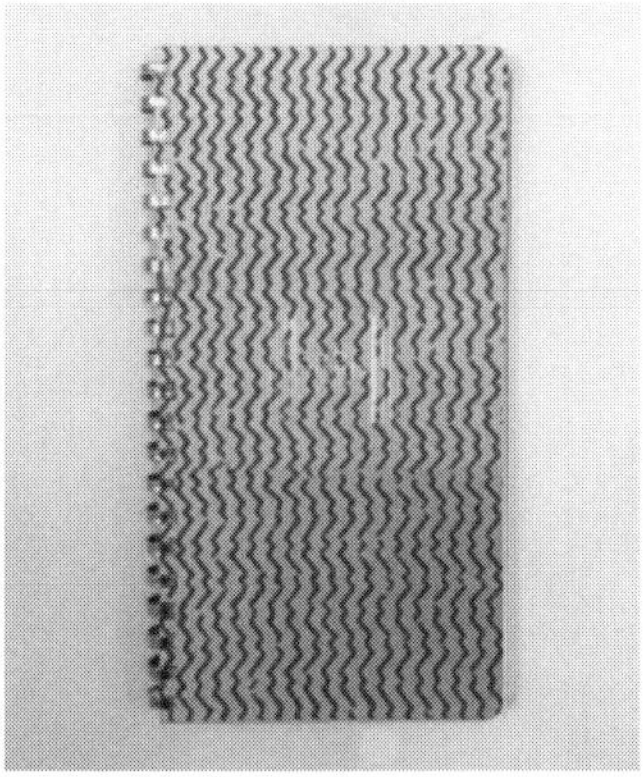

出所：唐長

(b)表紙は青海波文《せいがいはもん》

出所：唐長

最後に、エルメスとコラボした手帳ですけど、先ほどの縮緬縞ともう一つの2種類をこさえまして、青海波《せいがいは》。波です（写真26(b)）。これはフランスの本社から依頼があって、ファミリーに10種類ほど柄を送ったんですけど、この2柄が気に入ったと。その謂われが特によかったようです。青海波というのは波ですから、フランスと日本は海を渡ってつながっているよという。そして縮緬縞というのはエジプトから伝わった神秘的な話題性があって、海を越えてともに歴史を紡いできたもの同士のコラボです。

画像説明を主とした唐長の唐紙についてのお話はこのぐらいで、続いて女将《おかみ》の千田郁子からエルメスとのコラボの話をまじえて唐長の話に移ります。

エルメスとのコラボ

【郁子女将】 主人が唐長の技法とか歴史とか、そういうことをお話ししておりましたけれども、私は全然唐長の仕事をするとは思わないで、偶然2人で同じ商社に勤めていまして、そこで出会って結婚しました。するとある日突然、主人が唐長のことをやると言いだして、驚きました。

結婚してちょうど50年になりますけれども、その当時は350年続いている唐長やけど、1970年の頃でしたから、ハウスメーカーさんのお家がどんどん建っていくような、それこそ日本列島改造論とかそういうお話がありましたので、唐長の300年、400年も唐紙が保つ襖ができるより、そういうお仕事とは程遠いハウスメーカーさんだったら、ビニールクロスでどんどんできていくから（唐紙は）必要でないかなと。それで、主人の先代は廃業しようということで住居が市中から北の修学院に移ったんですね。そこを、やっぱり唐長の跡を継がないといけないかなという、私の承諾もなしに突然に主人が唐長をやるわというところから、私はついていかないといけないかなということでスタートをしたんです。

ですから、主人は会得した技法とかそういうことをお客さんに一生懸命伝えようとしてくれるんですが、私は知らないままで、使っていただく方があってこそ唐長の歴史は続くなと。そう思うと昔は、私たちがやりだした20代の頃の50年前は、たいへん物事をご存じの60歳ぐらいの方、お茶人さんであったりが、「こんな雰囲気のものを作ってほしいな」とか、「こんな感じのものができへんか」とか、本当にいろいろなことを教えていただけたんですが、その後はほとんど「唐紙って何なの」とか、それから「もともとこういうものですよ」ということを伝えるのが本当に難しくて、知ってほしいなと思うことが伝わらないことが多いのです。

そうすると、主人にはもっともっと若い時に、（唐紙は）難しいからお寿司屋さんでもなってくれたら、「おいしいから食べに来て」と私は言えるけど、ものすごく難しいと思って、そんななかでこうして50年やってきたんです。

それで、唐長は同業者はなく一軒だけでしたので、私はアンティークのお店の方やお料理屋さんとか、さまざまな異業種の方との出会いでいろいろなことを教えていただいて、そのなかで唐紙をちょっとでも知っていただくためにはどうすればいいのかなということで、それまで襖以外の仕事を一切していなかったのに、ポストカードみたいなものをこさえてみたり、いろいろな小さなものを便せんにしてみようかなと思い立ちました。

それからは本当に知らない人がうちにいらっしゃるようになって、時には「年賀状を摺る会に参加しませんか?」と誘ったりして、それを8年以上も続けて毎年11月23日、24日とか、その頃の連休辺りに知り合いの方にご案内してきました。それはちょっとでも唐紙のことを知ってほしいなという想いからでした。50年前からぼちぼち始めていたら、いつの間にか「唐長」という名前だけは知っていただけるようになって、「唐長って何屋さん?辛子《からし》屋さん?」とかと言われても、名前は知っているとか、そんな時代になったんです。

それで私は思うのですが、アンティークのものも一緒で、本当にいいなあと思うものは、自分で買わないといいものかどうかがわからないので、やっぱりうちに来て、そして柄を見てほしいなと。たとえば、お家を建てたいなという時にハウスメーカーさんとご一緒に来られて、「こんな唐長のインテリアでいっぱいにしたらすてきやな、こんなおうち欲しいわ」と言って帰られて、後でハウスメーカーさんから「(一緒に来たお客さまとの)契約が成立しまして、ありがとうございました」とお礼の連絡が入っても、唐長の唐紙は使われないまま契約されていくのかなと寂しくなることもありました。

でも、こういうことより、本当に心の中に残していただいて、一回でも唐紙を買っていただいたら、本当の良さを感じてくださり、打ち合わせして出来上がっていくその過程を見て、製品を届けさせていただいた時の感動というものがお客さんからも伝わってきたりすると、この仕事をさせてもらっていてよかったなと思います。そういう出会いがあってこそ歴史って続くんだなと思いますので、ちょっとでもこういうことがおわかりいただいたら、本日ここにおられる方も唐長に来てくださったらいいかなと思うんです。

そのなかで、エルメスの話を今日ここでしてほしいということで先生からお電話があったのでお話しさせていただきますが、きっかけは、ある日の夕方5時頃でしたか、エルメスの方から「千田堅吉さんいらっしゃいますか」という電話から始まりました。そして、フランスから国際電話をかけていますので、時差が8時間ございますので「遅くに失礼します」ということでした。それからいつも夕方5時頃に電話がかかってきて。

そして京都祇園のエルメスの店舗で唐長との初めてのコラボ展示販売をすることになるのですが、日にちがないなかで、それでも唐長らしい唐紙文様と、それがどういう謂われがあるか、それも伝えてほしいと依頼されました。私がサンクスカードというのをこさえていましたので、主人がサンプル資料として、その中から文様とその色目のものをそれぞれの文様の説明文を付けて本国のエルメスに送りました。そして、たくさんの柄の中から縮緬縞の柄と青海波の柄の2種類をエルメスの担当ファミリーが選びました（写真26参照）。

エルメスさんらしい、海を渡ってつながっているという柄を選ばれたなと。唐長として650種ある中でこの柄を選ばれたのかなと思いました。手帳の表紙1000個ずつ、計2000個の唐紙をこさえて、1か月半で売るということだったんですが、おかげさんでわずか2、3週間で完売しました。

今回、本当は先生のところに直接こういういろいろな資料を箱詰めにして送るようにしていたんですけど、これは私が今日は手持ちして持ってきました。それと、私がどうしても唐長の中で一つ説明したいのがこの柄なんですね、「輪宝文《りんぽうもん》」という柄（写真27）。

私が30年前にイタリアへ行った時に、ちょうど映画『ローマの休日』（1953年、ウィリアム・ワイラー監督）でオードリー・ヘプバーン演ずるアン王女が「真実の口」の中に手を入れようとする名所のところの道路とか、そういうところの色合いがちょうどこうい

写真27　唐長文様の中でも最高の縁起文様である輪宝文《りんぼうもん》

出所：唐長

う色合いでした。それで、30年前というと、主人が襖の唐紙を作っているのは白地にキラみたいな、そういう目立たないような色合いが多く、私が30年前のイタリアで見た色合いもすごいなと思いまして、実際帰ってからすぐに板木蔵でイタリアのイメージに近いこの輪宝文という柄を探しまして、その色合いに主人が作ってくれて、団扇《うちわ》にしたんです。

その当時、三宅一生さんとかいろいろうちに遊びに来たりしていましたから、私は本当にわずかしか作っていない団扇を、京うちわみたいにちょっと大きめの団扇を作って、「内輪《うちわ》だけにあげるわね」とか言うて（笑）、ちょっと冗談ぽく団扇を差し

写真28　輪宝文を使った唐長 IKUKO の左うちわ

出所：唐長

上げたりしていたんです。

それを30年ずっと温めていて、70歳も超えましたので、最近世の中を見ていると、テロがあったり、津波が起こったり、地震があったりするんやけど、唐長の文様がうちの中に少しでもあったら、何か安心感があるん違うかなと思って。輪宝文の襖に張り替えるとかいうのは大変だけど、こういう小さな団扇だったら、ちょっと玄関に飾っていただいて、こういう文様の仕事をしている、歴史ある、日本でこんなふうにして続いている唐長なんやなというのをちょっとでも知っていただけたらと思って、これを作ってもらいました（写真31）。玄関飾りにしていただいたらうれしいと思います。またの話は次回に。

【河合（ご友人）】 郁子さん、これ（団扇）の名前を言っていないですよ、これの名前。

【郁子女将】 それは、私、千ママというんですけど、私がこれを玄関に飾って、左から緩やかな風が来るようにということで、「郁子の左うちわ」という名前を付けたんです。気分的にせかせかしないで、ゆったりとした感じでしていただけたらと思って、この団扇をこさえています。よかったら修学院のほうに来てください。団扇の裏は縮緬縞になっています。裏の文様はたまたまエルメスさんが使われたのと同じです。

【長沢（司会）】 では、一旦締めさせていただきます。どうもありがとうございました（拍手）。あのエルメスの手帳、ちなみにお値段はおいくらで。

【千田】 税込みで8000円ぐらい。

【長沢】 8000円！

【千田】 「エルメス値段」や。

【長沢】 「エルメス値段」だそうです。（笑）

【郁子女将】 エルメスのレザーカバー付きは8万円です。

【千田】 3週間ぐらいでカバーも1000個ぐらい売れたんです。

【郁子女将】エルメスは3週間で1億売れた。
【長沢】1億！　唐長さんには？
【千田】わずか。（笑）

質疑応答

【二宮（質問者）】二宮と申します。本日はお話ありがとうございました。資料として出ていた画像で、お手元が結構お若い方なのかなと思って拝見していたんですが、技術の伝承というところで、今どんなような感じで若手の方に伝承されているのかおうかがいできますか。

【千田】技術の伝承というのはなかなか難しくて、実はこの作り方はものすごくシンプルゆえに地味なんですよね。これをああだこうだと、和紙も不揃いやし絵の具も加減やし、測れるものじゃないんですよね。それで版画のスタイルやけども、もうちょっと強くとか弱くとか、そんなの言いにくいんですよね。ということは、それぞれがひたすらシンプルな地味なことを、何回も何回も失敗を重ねて、やっと2、3年ぐらい経てば何とかなるんですけど、今の時代の若い子は意外と辛抱足らずが多くて、挫折するんですよね。

【二宮】2、3年で何とかなるんですか。

【千田】できます。あとは何が必要かいうたら、時代に合うセンスです。配色とか。いってみれば、相手ある仕事ですから、それをうまくのみ込んで色作りしないと駄目とか。

ただ、お客さんの要望に応える受け答えがなかなか難しくて、十人十色というか、青いのがいいとか、赤いのがいいとか、それを汲んでやり取りして、組織じゃないですから全部それを聞いて表現せにゃあかん。この辺りがお弟子さんがそれまでにちょっと断念というか、過去にいっぱいお弟子さんがいるけど、長続きすることはほとんどなかったです。やっぱり今の時代には地味すぎるんでしょうね。見た目は華やかだけど、実は職人の手仕事というのは地味なんです。それが日に日に出来上がっていくと、そうでもないんでしょうけど、今日も明日も明後日も変わらないということは、何か知らんけど、よう乗り越えん人が多くて。

意外とシンプルというのは、何枚も同じものを作るのも大変なんですよね。ムラムラムラムラしていくし、本当に失敗が多くて。でも、いつかリズム感を見つければうまくいくんです、どなたでもそうです。だからさっき申しましたように、お弟子さんがなかなか育ちにくい仕事です。

【二宮】さっきの画像（写真9、11参照）は女性のように見えたんですけど。

【千田】女性です。あの人は辞めました（笑）。なんでか突然辞めましたよ。

【二宮】ありがとうございました。

【長沢】じゃあ私が補足の質問です。十二代目の誠次さんは、じゃあセンスとかも含めてかなりいいところなのでしょうか。それとも、まあまあ、まずまず、まだまだ？

【千田】僕は「じき辛口言うて」と言われるから。どうでしょうね。あまり身内を褒めるというのはなかなか難しいけど、器用なことは器用です。どこまで大成するかというのは、今、四十幾つでそこそこやるんですけど、時間を重ねるほどよくなるような気がします。

【長沢】十二代目のお披露目にお伺いしましたけど、やはりあるところに達したので、じゃあ十二代目という感じだったんですか。

【千田】十二代目のことですが、その前に僕ら2人とも今考えている現在の心境は、せっかく僕たちが自分流の個性で唐紙って何だということをやってきて、それを場合によったら展覧会とかで発表し、その辺はお客さんとのやり取りの中で、十一代ならばこその特徴を付けて、それといろいろな方々とのやり取りが深まり、コミュニケーションを深めてきました。それと期待しているのは異業種とのコラボなんです。コラボによっていろいろ協力していただいて、応援していただいて、唐紙と唐長の良さを生かさせていただくとか、そういうところも実は娘夫婦が中心になってやっていますが、将来でも変わらず続いていければと思います。

長男も器用で、なかなかものづくりがうまいんですけど、ちょっと職人すぎて、作って売るという、その売るがちょっと欠ける。娘夫婦のスタイルは現代的です。アート的なところもあります。だけど時代に合うのでしょうね、今すごく受けているんですよね。だけど、この先ではどうなんやろなと思うのですが、2人とも時代を読むのが敏感なんで、うまくやるんではと思いますが。じゃあ自分たちだけがすばらしいかと、そうは思っていないんやけど、精いっぱいやってきたこと、いろいろな方々と交わって得たことをいい形で残したい。これがつなぎになって自然と跡継ぎができればと自分たちなりに思っています。「こんなのいいわ」と思われるかもしれんけども、そういうことを期待して、もうちょっとがんばろうかなと思っています。

【長沢】 ありがとうございました。ほか、質問は？

【西上（質問者）】 西上と申します。ありがとうございました。2点あります。一点目は、普通にいろいろなものに汎用が利くのかなと思っていまして、ネットとか調べたら、普通にアロハシャツとかと一緒に作ったというものも出ていますし、これって依頼を受けたら何でもやるよというような感じなのでしょうか。

あともう一点、PRというところでは、おそらくCMとかってできないと思うので、ブランド認知をさせる時に、企業と企画したものを展示している場所とかがあると思うんですけど、どんな形でブランド認知を上げていったのかという、その2点を教えていただきたいと思います。

【千田】 まず、お声が掛かったら何でもやるのかということについては、最終的にはものすごく選ぶほうで、たとえば、ある企業、組織の方が突然コラボしませんかという提案は、まず断ります。というのは、相手が誰かわからないものね。わからないということは、もうちょっとお互いにコミュニケーションができて、自然とできるもんやということで。

たとえば、西陣織で今、帯とか着物のコラボをやっています。30年ぐらい前からずっといまだに続いているんですけども、最初はずっと空白時間を持ちました。ちょこちょこと、仕事じゃなく日常の会話だけで。それで人柄とか見てもらって、お互いに。仕事というのは後回しにした時から、これは時間をかけるからしびれを切らしていく人も多いんですけど、これが一番いい方法かなと思うんですよね。こんな時代だから時代遅れかもしれんけども、それがあります。それで結果、絞られてうまくいくというか、唐紙、唐長のことをよく知ってもらってからということになりますかね。一応お受けはするんやけど、あとでいろいろな問題があると、そこで中断したりはします。それともう一つは…。

【西上】 ブランドはどうやって認知させるか、です。PRとか。

【千田】 PRですか。PRはほとんどしていません。ありがたいことに京都って古い歴史、それから特殊性。この辺りでメディアの方がよく京都特集とかをやるんです。そういうところで取り上げてもらうことが多くなる。そこから知り合いができて、ある商品に対してうわーっとじゃないんですよね。口コミ商法というかな。

こういう特殊な仕事ゆえに、いろいろなコラボ商品を作るというのはなかなか難しいんですね、制約もありますから。そのなかで、先ほどの話と重複しますけども、親しくなるほどにいろいろなアイデアが出てくる。そこでメディアも応援してくれて、認知度が、今の時代に合ったということもあるんでしょうけども高まった。この特殊性ゆえに、爆発的じゃないけどもそういうところがよしとしてくれる人が多くて、口コミで広げてもらったというのもあります。

【西上】 売上の構成は、お客さんは、対メーカーとか会社が多いのでしょうか。

【千田】 個人が多いです。

【西上】 個人のほうが圧倒的でしょうか。

【千田】 圧倒的に。それと国関係ですね。文化財の仕事です。

【長沢】 今日も映画を撮っていますけど、みんなで先週観たBSプレミアム『唐紙〜千年の文様の美』とか、ああいうのはわりと積極的に受ける。

【千田】 受けます。

【長沢】 たとえば、吉本の芸人がおちゃらかすような番組の話がもし来たら、それはお断りするんですか。

【千田】 生理的に断る（笑）。メリットとかデメリット、そんなことよりも、ちょっと嫌やなと思うと断る。

【長沢】 なるほど。何となくわかります。ほかに質問。ではお願いします。

【佐々木（質問者）】 佐々木と申します。版木の柄が一枚一枚あまりシンメトリーじゃなくて、すごく複雑というか、つながった時にすごくバランスが取れているような印象を持ったんですね。一枚がちょっとずつ、規則的に並んでいるんじゃないけどすごくつながって、壁紙になった時に一体感を持っているみたいな。つなげる時とか、どういうふうに版木が設計されているのかというのが気になりました。何か摺ったりとかしていて感じられていることとかってありますか。

【千田】その不揃い感というのは、特に江戸時代にブームになった琳派というのがものすごく崩すんですよね、バランスを。本阿弥光悦、烏丸光弘、俵屋宗達と。去年（２０１６年）、おととし（２０１５年）やったか、京都で琳派ブームがありまして、こういう図柄を見ると、ほとんど崩れているんですよね。それは間というか、余白をものすごく意識する当時の芸術、琳派という芸術の世界だったらしいんです。今、唐紙もその影響をだいぶ受けています。今おっしゃっているように、大体主な用途は襖とか大きい面積ですから、それは1枚の版で作るわけにはいかんので、つなげているんですよね、小さい版を。その時に1版よりもたとえば12版、2列×6段で、これで完成するようなデザインを最初からイメージして、それを割るんです。しかもリピートできるように。崩しながらリピートできる、これは代々の当主のセンスですね。それしか言いようがないです。版の作り方もそれをイメージして、12分割してどうなるんやろと。今、僕がもしも頼まれれば、そういう捉え方をします。

【佐々木】 ありがとうございます。市販品の、手ぬぐいブームとかが多分去年、おととしと結構あって、見るとちょっと違うなというのを感覚的に感じました。

【千田】 手ぬぐいはこの程度の大きさの世界ですからね。唐紙は大きくしてよくないといかんという、そこから来る。それに、なおかつリピートして崩すというアンバランスな配置を作るという、その辺はセンスというしかないですね。それは唐長の代々の者に課せられたデザインセンスです。ものづくりばかりと違うて、その辺をものすごく大切にします。

【佐々木】 ありがとうございます。

【岡村（質問者）】 岡村と申します。今日はありがとうございました。2つ質問をさせていただきたいと思っております。一つ目が、ご主人が突然跡を継ぐことを決めたというようなお話が女将さまのほうからありましたけれども、なぜ跡を継ぐと決意したのかという辺りを、もう少しおうかがいできればと思います。

【千田】 跡を継ぐきっかけですよね。私は美術系は全然駄目な人間で、全く自信もなく、美術系は駄目だったんです。いつも絵とかも最悪の点数を取っていたし書も駄目。そっち系は全然駄目だから、駄目でまだましなほうが理数系やったんです。一応理系の大学を出まして、もうちょっと細かくいうと化学のほうです。そこを出て、商社に入ったんです。そういう化学商社に5年ほどおりまして、もっぱら数字を追う世界で。美術的なのは1＋1は2に限らんでしょう。プラス何かがある。これは耐えられんほど、ちょっと納得できない世界です。

だから、数字だけできましたから、じゃあ何でこれやったのというと、単純に母親が病気になって、それに職人気質の高い父親でしたから、精神的にダメージを受けている。それでお弟子さんたちもちょっとおろそかになったりして、経済的にものすごく困窮したんです。だから、それまで僕はなかなか気分よくいっておったんやけども、サラリーマンで5年。何か若い時の妙な正義感が幸か不幸か決断させて、要はハンディのある家の仕事ほどやりがいがあるん違うかと。

でも、結果ですけど、とんでもない世界でして、もう大変でした。でも大体今、先ほど申し上げたように、全部そういう数字を捨てまして、やるしかないという。息子ですから。引くに引けないという気持ちもあって、それが逆に功を奏して、やるしかないということはひたすらやることで、何も考えんと、そのうちにうまくなってきたと。

だから、いまだに思うんです、あまり考えてやったら駄目やと。手に覚えさすことが大事。今、なかなか僕みたいなキャリアの者は大変なんですよね。どうしても空っぽにするのに抵抗があったけど、そんなこと言ってられんわという状況に置かれて、経済的にも大変やったから、ひたすらそちらのほうへ。でも途中とか、真っ向から違うところからやったから、面白いところが見つかるんですよね。父親とかがやったことのないことをちょっと面白がってやったりして。うまくいくこともかなりあって、これが50年保ったのかなと思います。

【岡村】 ありがとうございます。もう一つは、異業種とのコラボというのが大変興味深いと思ったんですけども、伝統産業と流行とのコラボというのは非常に難しいものだなという感覚を持っております。それはやはり古くからいるお客さまというのは、伝統的な産業に対して、変わらないことに対する価値というものを持っている人が多数いるんじゃないかと思っておりまして。そういった変わらない価値を追求しているお客さまにとっては、伝統産業のような産業が新しいものをやることに対して、抵抗がある可能性があるんじゃないかなと思っているんですが。そういったところの実態として、いやいや、新しいことをやってもお客さまは一切離れなかったのか、ある程度離れてしまったのかというか、そこら辺の実態と、そういうことに対する感覚をお聞かせいただければと思います。

【千田】僕たちのやってきたことは、ベースは変えてはいけないと思うんです。絶対に変えない。だから板木というのを、江戸時代のものを絶対使おうと。それから、使う以上は技法も変えない。作り方を変えない。でも、変えるべきものは色彩だと思うんです。色、配色ですね。それで、和でも洋でもいろいろな人に対応できると思います。元から変えてしまうと、おっしゃっているようにちょっと抵抗感を持ちます。たとえば、印刷機械を使う唐紙とか、かなり抵抗感を持ちますし、逆にやってはいけないことと思います。それは他所がやれば、大日本印刷とかああいうところがやればいいと。「唐長は技法は変えない、色は変える」。このシンプルな考え方でいけば、いろいろな時代といろいろな人に対応できると確信しています。

その配色、色ですけど、色ほど大事なものはないと。この唐長にとって配色といっても、ご覧いただいたように2色です。一色一色がいい色でも、合わせるとつまらない色になるものね。そういうところを見極める。場所、使い方、全部それが左右されることなんです。テキスタイルまでいくと、なかなか配色も難しいんですけども、ともかくいろいろな方とコラボしまして、テキスタイルの専門の方とかいろいろな分野の方。ただ、配色のベースはこちらでできるだけ、唐紙というのはこんな色ですよということをやって、場合によったら人工色になったりするのもいいんですけど、何か底辺のほうで変わらないという、これがないとコラボの意味がないものね。そう思っているんです。

でも、時代に応じてどんどん変われればいいと思います、そういうところも。両面を持っています。伝統的というのは、そういうところで変わることも大事じゃないかなと。

【岡村】 非常にわかりやすかったです。ありがとうございます。

【井上（質問者）】 井上と申します。本日はありがとうございました。一つだけ質問させてください。唐長さんも、今回コラボされたエルメスさんも老舗といいますか、長い歴史のあるブランドがコラボするというところになったと思うんですが、両者の中で通ずるところとかというのは何かありましたでしょうか。

【千田】「エルメス」というのは、名前はよく知っていましたけども、実はそういう世界に疎くて、スーパーブランドといわれている「ルイ・ヴィトン」とか「シャネル」とかの名前は知っているけど、一体エルメスってどういう位置にいるんやろうと。よくわからなかったけど、ともかく、つくづく感心したのは、エルメスの本質というか、手作りというのをものすごく大事にしているブランドやなと。量産までしないという、利益うんぬんもある、それを犠牲にしてでも手作りに徹する。要は、職人さんをすごく大事にしているブランドやなと。その辺り、唐長もそうなんです。それと、そこに根付いた歴史というものも共通しているような感じで。そうした支えがあってこそ歴史が続くのかなと。

いつの時代でも変化は大いにあってええんですけど、根っこが変わらないという、そういうところ。先ほどのお話と重複しますけども、根っこは変わらない。エルメスもそうみたいですね。いろいろなエルメスの方々と、こういうチャンスにいろいろな方とお話ししましたけども、一貫してそれを感じました。唐長と一緒やなと。規模の大きさは格段の差があるけども、一緒やなと。日本とフランスという国単位では同等ですからね。

【長沢】 奥さま、その辺はいかがでしょうか。何でもエルメスジャポンではなくて、本国と常にやり取りしたとうかがっていますので、その辺をちょっと教えていただければ。

【郁子女将】 まだ企画中でしたが、主人に電話が入りましたんですけど、私も祇園のエルメス（注：2017年1月～7月限定のポップアップストア）のお店に行ってみたいと思ったのですが、最終日までに完売の予想なので、途中に一度2人で（エルメスジャポンに）来てくださいと言われたので、寄せていただいたら、最初は唐長という名前も一切知らない社員の方がほとんどで。たとえば、企画中の段階でしたが、フランスに唐紙を送りたいんですけど、直接送るのはこちらとして難しいので、エルメスジャポンさんの東京の方に運送屋さんを回してくださいとか、どうして送ったらいいですかとか、やり取りする時に、こちらが「唐長です」と言っても、「はあ?」とか言われたこともありました。でもおかげさまで全部完売したということで、唐長の名前は知っていただいたんですね。

その時に、なぜ日本の銀座のところと、本社のフランスのところとが企画段階の間では通じていなかったのかなと思うと、やっぱりエルメスの本社で何もかも目を通してものづくりをする。それが完成してから、銀座とかそういうところのエルメスジャポンさんが今度はきちんと売ってくださいねという、そういう連携を作っていると。

その辺りで、先ほど主人は唐長とエルメスとは同じやり方で似ているなとも言いましたけれども、私たちがこれだけ唐長を創業400年に向けてがんばろうと思って2人だけで走ってきた時期と、途中で若い人がたくさん入ってくれた時期と、その時期のずれで、今のエルメスさんみたいなやり方と違って。その辺りが四条のお店とか三条のお店ができた時にちょっと若い人に任せてみようかなとか思った時期で、目が行き届かなかったこともあったかなと。なので、今は主人と2人で、これからお客さまとかコラボの話も一度2人できちんと目を通して、もう一回手綱を締め直してがんばろうかなと思っています。その辺はすごくエルメスさんの話で、ブランドをきちんと守るのはすごいなと思って、感心させていただきました。

【長沢】 ありがとうございました。もう予定の時間を過ぎておりますが、授業担当者の特権で最後に一つ質問をさせてください。ご当主あるいは女将のお考えになる「唐長らしさ」とは何でしょうか。

【郁子女将】 私のほうから。本当に50年間ずっとやってるのに、伝えるということはなかなか難しいなと思ったんですが、たとえば、よく応接間とかに通されて、そしてそこに額が飾ってあったら、必ずその額は舞妓さんの絵であったり、何か山水の絵があったりとかしますよね。そして帰られたら、あの応接間にはこの絵の額が飾ってあったなというのを必ず思い浮かべられると思うんです。でも唐長の唐紙というのは、それが張られていて何かいい雰囲気のお部屋だったなと思っても、一歩外へ出たら、どんな柄がどういう色でどんなになっていたかな?という。あまりに雰囲気がよくて、そのものを皆さん覚えていられないぐらいのものが唐長の唐紙だと思うんです。

ですから、私が冗談っぽくよく言いますが、京都で女将さんがお茶を出してすーっと引っ込んだら、「この奥さん感じよかったけど、どんな顔をしてはったか忘れたわ」というぐらい、それぐらい目立たず、でもなかったらあかんなという、そういうものが唐紙だと思います。

【長沢】ぜひご当主からも。

【千田】僕はちょっと視点を変えて。「唐長らしさ」というのは決して芸術家ではない、芸術作品は作っていない。相手ある仕事で、作ったものは必ず販売していくという、そういう「職商人」体質の資質をずっと続けてきたからこそ続いているのかな。

それと同時に、ものづくりもそうですけども、売るというのがいつの時代でも大変なことで、その辺を相手ある人とのコミュニケーション、これも大切にして売るという。これは誰も、父親から教わったわけじゃないんですけど、作って売る仕事やなと単純に思って今まで来ました。これが唐長らしさかなと思うんです。一見芸術作品っぽいけど、そうじゃないということ。

【長沢】ありがとうございます。これはエルメスなどのフランスのラグジュアリーブランドがよく言うことですが「メティエ・ダール（métier d'art）」、日本語では「職人芸術」あるいは「職人技の芸術」みたいな意味です。職人技も極めると芸術っぽい。だけど決して芸術家ではないと。そこのところと通じるなと私は思いました。

唐長さんはラグジュアリーブランドの雄であるエルメスとコラボしたわけですが、やはり代

写真29 「南蛮七宝《なんばんしっぽう》」文

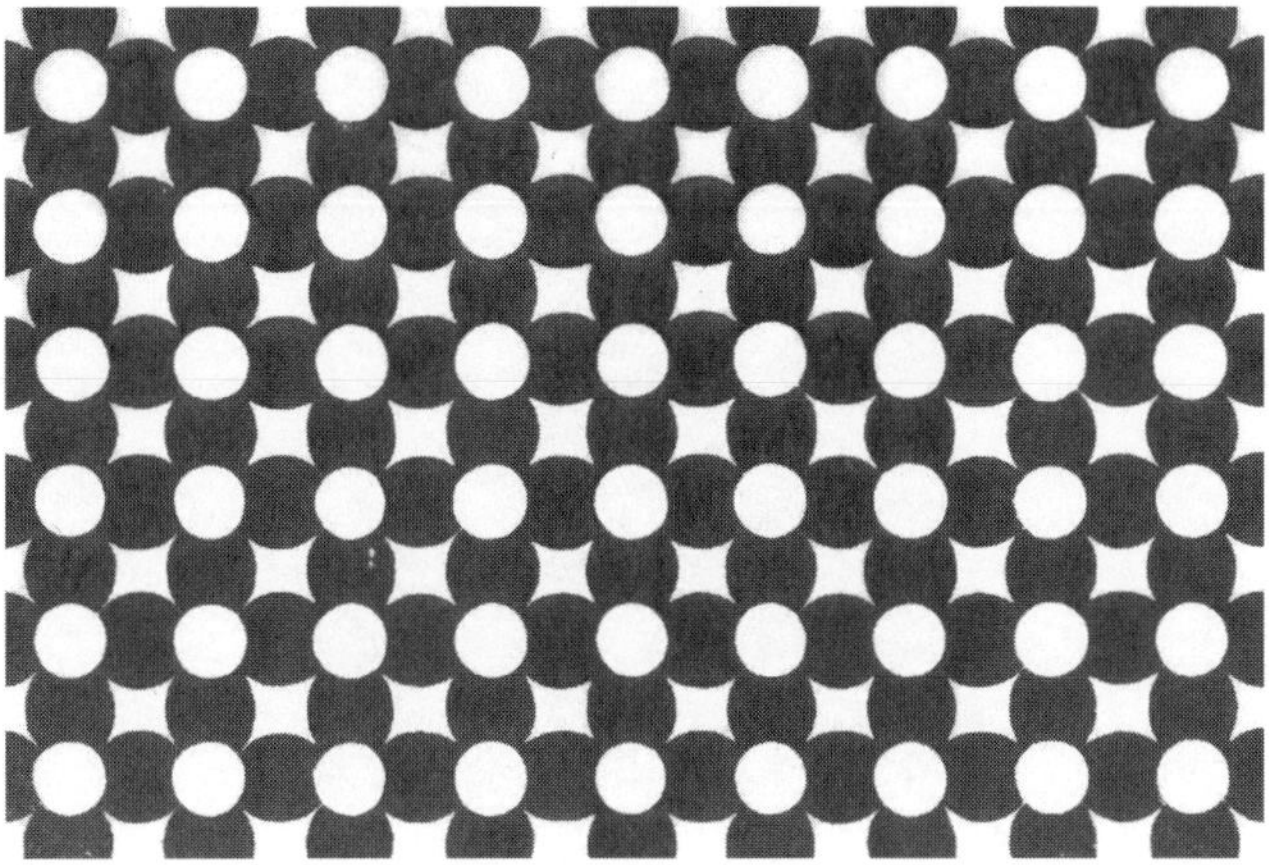

出所：唐長

表的なラグジュアリーブランドであるルイ・ヴィトンとも縁があると私は考えています。ルイ・ヴィトンの代表的図柄に花と星、*L* と *V* を組み合わせたモノグラム（組み文字）柄が有名ですが、唐長さんの伝統的な文様の一つに「南蛮七宝《なんばんしっぽう》」文があります（写真29）。花と星でそっくりですね（一同驚く）。

ルイ・ヴィトンのモノグラム柄は１８９６（明治29）年に生まれていますが、唐長の文様は江戸時代のものなので、唐長のほうが古い。おそらく、19世紀末に数回開催されたパリ万博に日本から唐長の襖か屏風が出品され、これを見たヴィトン家の当主が模造品対策の決め手に使ったのではないかと想像されます。

写真30　講義を終えて（左は編者）

出所：河合早苗氏（千田夫妻ご友人）撮影

ルイ・ヴィトン自身は、モノグラム柄のルーツはビザンチン文様と日本の紋《もん》、特に家紋ではないかと以前は言っていました。２００４年の創立１５０周年の際に東京大学の西洋美術の先生に鑑定を依頼した結果、ビザンチン文様は確認されたが日本の紋は確認されなかったとして、以後は「日本の紋起源説」を否定しております。しかし、西洋美術の先生は日本の紋や文様は専門外ではないでしょうか。早稲田大学の長沢教授にご依頼いただければ「南蛮七宝文起源説」を検証しましたのに残念です（笑）。

今日は京都から唐長ご当主、十一代目　千田堅吉様、郁子女将をお迎えしました。感謝を込めて拍手をお願いいたします。どうもありがとうございました。（拍手）

4

創業四百四十年　甲州印伝の印傳屋上原勇七

――ブランディングとは、伝統はしっかり受け継ぎながらも今のお客さまに評価いただける商品を提案し続けること

ゲスト講師：株式会社 印傳屋上原勇七　代表取締役社長　上原重樹氏
開催形態：早稲田大学早稲田ビジネススクール「感性マーケティング論」〈第7回〉
日　時：2015年10月19日（月）
会　場：早稲田大学早稲田キャンパス3号館601号室
対　象：WBS受講生
音声起こし：加藤由香（WBS長沢ゼミ生）

●会社概要●

株式会社印傳屋上原勇七

代表取締役社長：上原重樹

設　　立：1953年（昭和28年）

創　　業：1582年（天正10年）

資 本 金：4,000万円

売 上 高：25億円

従 業 員：90名

本社所在地：

〒400-0811 山梨県甲府市川田町アリア201

TEL 055-220-1660　FAX 055-220-1666

直 営 店：甲府本店、青山店、心斎橋店、名古屋御園店

上原《うえはら》 重樹《しげき》　略歴

1960年生まれ。同志社大学経済学部卒業。1983年4月、株式会社印傳屋上原勇七入社。1990年、代表取締役副社長就任。2004年、代表取締役社長就任。現在に至る。

甲府商工会議所 常議員。協同組合ファッションシティ甲府 副理事長。

【長沢（司会）】「感性マーケティング論」第7回目のゲスト講師として、天正10年、1582年創業という老舗である株式会社印傳屋《いんでんや》上原勇七《うえはらゆうしち》　代表取締役社長　上原重樹様を甲府からお迎えしています。

実は私が締めているベルトは、鹿革に漆で柄付けした印伝です。また先日、歌舞伎座で観劇した記念に、松嶋屋（十五代目 片岡仁左衛門丈）の紋である「仁左格子」や高麗屋（九代目松本幸四郎丈。現、二代目　松本白鸚丈）の紋である「浮線蝶」の文様が漆で柄付けされている小銭入れを3階売店で購入して愛用しております。（笑）

2009年にゼミ生との共著で『地場・伝統産業のプレミアムブランド戦略――経験価値を生む技術経営』（長沢伸也編著、同友館）という書籍を出版して以来のお付き合いでお呼びしました。それでは、上原重樹社長にご登壇いただきます。拍手でお迎えください。（拍手）

【上原】お仕事お疲れのところありがとうございます。

以前から長沢先生とは面識があり、今回こういうお話をいただき、こういうところでお話しするほどの会社でもないのですけれども、普段やっていることを説明するということだったらできますということで、今日このような機会を与えていただきました。本当にありがとうございます。

印傳屋上原勇七とは

今日資料をお持ちしましたけれども、A3のカラーの資料の写真（写真1）が私どもの本社です。工程も書いてあります。それと博物館の冊子が一枚、博物館のリーフレット。これが今日のお話のレジュメと、こちらは印傳のしおりです（以上、掲載省略）。どうぞお使いいただきたいと思います。

印傳というのをご存知の方はいらっしゃいますか？　半分くらいの方ですね。印傳というのは、今日私が持っている鞄もそうなのですけれども、簡単にいいますと、鹿革に漆で文様を付けた袋物を「印傳」と呼んでおります。不思議な名前であり、その由来は諸説あるのですけれども、インド伝来、技法がインドから伝わったという説が一番強いということで、「印度伝来」から印傳と呼ばれるようになりました。今はこういった、男性のものは少ないですけれども、女性のハンドバッグですとか、印鑑入れからバッグ、そしてボストンバッグみたいな大きなものもあります。

ただ、もともとは武士の武具、鎧兜《よろいかぶと》に使われておりました。なぜ使われていたかってよ

写真1　株式会社印傳屋上原勇七　本社

出所：(株) 印傳屋上原勇七　パンフレット

く聞かれるのですが、当時、当然、鹿がたくさん捕れたということと、山梨は山国ですのでいい漆がやはり採れたこと、2つの主原材料が地元で採れたということが一番大きな原因だと思っております。それともう一つは、鹿革というのは非常に軽いのですね。のちほど見ていただきたいと思うのですけれども、それと非常に強い。こんなに小さい革でも非常に引っぱりに強い。で、軽くて、使っているうちに柔らかくなる。その3つの特色が鹿革にはあります。

もう一つの特色といいますと、よく昔は自動車にセーム革が付いておりましたけれども、今は残念ながら人工のものになったと思いますけれども、なぜ鹿革のセーム革が自動車に付いていたかと申しますと、鹿革というのは非常に繊維が細か

写真２　印傳屋上原勇七の製品

（a）ペンケース

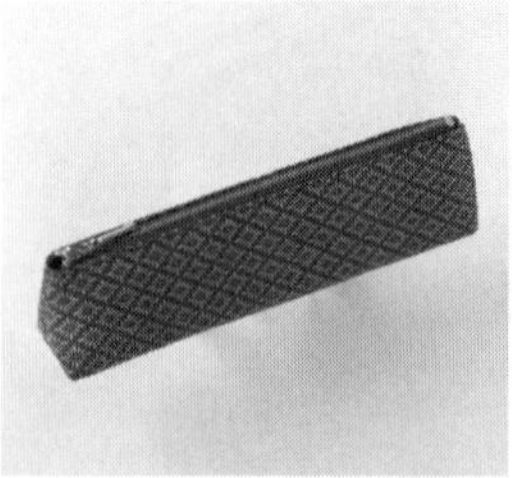

（b）早道

（c）莨《たばこ》入れ

出所：(株) 印傳屋上原勇七

いのですね。ですから非常に汚れが取れやすい。汚れを取りやすいということで使われておりました。最近ではよく眼鏡拭きに、人工のものもありますけれども、やはり鹿革が使われております。

まあそんなことで、鎧兜から先ほどの博物館のリーフレットに載っているようなこういった「革羽織」、よくこれ時代劇に出てまいります刻みと煙管《きせる》の「莨《たばこ》入れ」、ちょっとこれ変わっ

写真3　トンボの札入れを示して説明する上原重樹社長

出所：早稲田大学ビジネススクール長沢研究室

た形をしております「早道」、いわゆる今でいうウエストポーチみたいな、飛脚の方たちがここに銭を入れて腰に下げて持ち歩いたというようなものも作り、現在に至っては、いわゆる袋物という形で、男性・女性向けの商品を提供しております（写真2、3）。

社名が「株式会社印傳屋上原勇七」と非常に長いのですけれども、実は上原勇七というのが、私の父であり代表取締役会長 十三代 上原勇七ということで、代々襲名をしております。襲名をする場合は、生前にする場合と、亡くなってからする場合と2つの方法があるようです。当社では私が11年くらい前（講演時）に社長になったのですが、よく友人から「勇七になるんだね」と言われたのですけれども、そうではなくって、まだ私の父が戸籍上の勇七ですから、勇七が2

図表１　印傳屋上原勇七の沿革

年	事　項
1582（天正10）年	創業
1953（昭和28）年	法人に改組（資本金70万円）
1967（昭和42）年	資本金150万円
1968（昭和43）年	東京営業所開設
1970（昭和45）年	昭和43年より数次の増資により資本金500万円
1975（昭和50）年	昭和46年より数次の増資により資本金3,000万円
1980（昭和55）年	資本金4,000万円に増資 東京営業所を東京支店に改める
1981（昭和56）年	東京青山店開設 信玄本陣店開設
1983（昭和58）年	「キャレー」ブランドの発売
1985（昭和60）年	中小企業庁「中小企業合理化モデル工場」に指定
1987（昭和62）年	「甲州印伝」通商産業大臣（現経済産業大臣）指定伝統工芸品に指定
1989（平成元）年	優良申告法人
1990（平成２）年	大阪店開設
1994（平成６）年	本社・工場を山梨県甲府市川田町アリアに竣工・移転
1995（平成７）年	社団法人中小企業研究センター賞（特別奨励賞）を受賞
1996（平成８）年	ニューファクトリー優良企業受賞
1999（平成11）年	本店２階・印傳博物館を開館
2002（平成14）年	大阪店移転、心斎橋店に改める
2006（平成18）年	東京支店　台東区三筋に移転
2010（平成22）年	第３回ファミリー・ビジネス優秀賞受賞 名古屋御園店開設
2012（平成24）年	中小企業 IT 経営力大賞2012優秀賞（日本商工会議所会頭賞）受賞

出所：（株）印傳屋上原勇七「会社経歴書」をもとに編者作成

人いてはこれはおかしなことになりますので、先ほど言ったような、どちらからの方法をとって勇七が一人の状態で伝えていく、というような形をとっております。

先ほど先生のほうからお話があったとおり、天正10（1582）年創業ということで（図表1参照）、規模はそんな大したことはないのですけれども、長いことは非常に長く、上原家で伝わっているというのが実際であります。そんなことで今日はお話をさせていただきたいと思っております。

伝統的技術技法の伝承

まず最初に技術技法の伝承、のちほどDVDで工程のところはご覧いただくようにしたいと思いますけれども、実は十二代、私のお祖父さんの勇七の時までは、いわゆる一子相伝、口伝、口で伝える。一切文書として残さず、さらに伝えるのは家督を継ぐ者のみ、という形の技術を伝承してまいりました。それはそれで一つのやり方だったと思いますけれども、私の父、十三代勇七の時に、いわゆる家督を継ぐ者のみではなく、社員さん、職人さんを通じて伝統的技術・技法を伝えていこうという方向に大転換しました。これは大きな決断だったと思いますけれども、家督を継ぐ者のみが知っているだけでは、やはり家業から企業へ発展するなかで、なかなか難しいこともあるだろうということでした。

当社のノウハウの部分ですから非常に熟慮した結果の判断だったと思いますし、今となってはよかったなという感じは一方でしていますけれども、ただこれも社員さん、職人さんとしっかりとした信頼関係がないと、技術が流出というようなことになりかねません。そういった意味では現場とわれわれがしっかりと会話をして会社の考え、こういった方向で考えているよ、ということをしっかり職人さんに説明し、理解していただいたうえで仕事をしていただく、ということが何より大事だなというように感じております。90名弱の会社ではありますけれども、しっかりと社員さんとわれわれが意思疎通を図り、信頼関係をしっかり構築したうえでこの伝承を今後とも続けていきたいと感じております。

私どもの技術は、パテントではなくっていわゆるノウハウという形で伝承しております。パテントというのは押さえられますし、一定の期間はいいのでしょうけれども、あとはオープンにするという形。あと、われわれがやっているのはノウハウといって、パテントみたいに押さえはしませんが、技術をオープンにもしませんよという形で、いわゆるノウハウという形で伝承しております。そういう意味では、先ほどいったような信頼関係が非常に大事でありますし、もう一つは、技術を伝えていくためにやはり伝統的な技術・技法の工程のところはわれわれも今の人員構成でどうなのか、今の年齢構成でどうなのかと常に考えながら人材の配置を行っております。

印傳の場合、非常に奥が深いので、一般の仕事のようなジョブローテーションというようなことはなかなかできず、のちほど説明する「漆置き」の工程に配置されれば、極端な話、一生漆を極めるというような仕事の仕方をしております。非常に奥が深く難しい仕事がいくつかの工程にありますし、人材を育てるという意味では特別な専門学校的なものがあるわけでもありませんので、企業に入り、ＯＪＴで先輩に基本を教えていただき、あとはやはりそれぞれの感覚で仕事をしていくという形になります。

昔の職人さんというのは非常に怖くって、私が小さい頃、会社と自宅が非常に隣接していましたので、よく職人さんに遊んではいただいたのですが、昔の職人さんは教えるどころか盗んで、俺の技を盗め、というようなことで基本さえも教えてくれない職人さんが多かったようです。さすがに今はそういった時代ではありませんので、基本は先輩がしっかりと教えると。ただそれからはやはり微妙な感覚というのでしょうか、センス、その辺は個人によってだいぶ差がありますので、そこをわれわれがいかに見極めて育てていくのか、ということが非常に大事な仕事となっております。ですから工程の職人さんにつきましては、人的投資を非常に贅沢に、かつ計画的にやっております。先輩が辞めるからその1年前に入ればそれでいいということじゃなくて、もっともっと長い間一緒の期間が重ならないと、一挙に戦力ダウンということになりかねませんので。

そういった意味では人的投資というのはなかなか大変ではありますけれども、これが当社の命の部分ですから、しっかりと職人さんと通じて伝統的技術・技法を伝承し、新しい印傳を作っていく、ということをこれからもやっていきたいと感じております。

新製品開発

次が新製品開発です。当社では年に一回、5月に展示会を行いまして、9月に新しい商品を開発して発売するという形をとっております。ご存知のとおり印傳の場合、ご存知じゃない方もいらっしゃるかもしれませんけれども、伝統的な江戸小紋調的な、たとえば

写真４　印傳屋上原勇七のオリジナル柄

(a)「キャレー」シリーズ（1983年発表）　(b)「フリノス」シリーズ（2015年発表）

出所：（株）印傳屋上原勇七

小桜ですとか、トンボですとか、波の青海波《せいがいは》ですとか、昔からいろんな着物なんかに使われているような伝統的柄の商品群が一つあります。

そういった伝統的柄を使って小物を作ると非常にかわいいのですが、いわゆるバッグにしてしまうと非常に和装っぽくなってしまうということで、自分たちの生活を考えてもなかなか着物を着る機会が、女性は年に数回はあるかもしれませんけれども、男性はほとんどないような状況のなかで、このままではちょっと、ということで大変不安になりました。

その伝統的な柄を使ったものは一つの柱としてはやっていくのですが、もう一つの柱を作ろうということで、1983（昭和58）年から、いわゆる印傳屋オリジナルの柄を開発しようということで、これが資料（掲載省略）の裏にいくつか写真と名前が載っています。これは当社がデザイナーさんと一緒に柄を開発し、商品も新しいものを出し、という形で商品開発をしております。そんな形で、この「キャレー」というシリーズ（写真4ⓐ）は、実は1983年に出したシリーズで30年以上経っておりますが、まだ生きております。もちろん商品の微改善はしていますけれども。

この「フリノス」（写真4ⓑ）というのが今年（講演時の2015年）の5月に出したシリーズでありまして、この間にいくつかスクラップされたシリーズはあるのですけれども、印傳の場合、大きな流れの中での流行は追いますけれども、あまり短期的な流行は追いませんので、一度開発すると長く販売していくという思想で商品開発をしております。

毎年9月に新製品を販売します。実はその年の8月くらいから翌年の9月に向かって開発をスタートします。最初はデザイナーさんが提案をされるのですけれども、現場はなかなか、当然普段やっている仕事と違うことを求められるわけですから、「そんなことはできません」というところからスタートします。そうはいっても、「できません」では新製品はできませんから、私が開発の責任者として行司みたいな仕事をしながら、デザイナーさんと、現場の人間と、社内のプロジェクトチームの中で議論し、何回も何回も議論し、何回も何回もサンプル作りをして、新製品がやっと仕上がっていくというような流れでやっております。

デザイナーさんはどうしても作品的なものを作りたがるのですね。われわれは商売ですから、作品一点作ってよかったな、では済まされない。リピートして販売していかなければならないということで、あまり凝りすぎたものを作られてもこれは困る。ただ逆に現場の言うことだけを聞いていると、今までと全く変わらないものしかできないということが発生します。

そんななかで先ほど言ったような議論をし、デザイナーさんの意見、そして現場の意見、どうしてもここに差が出てくるわけですね。これをいかに埋めてくかと、接点を求めていくかと、いうことがわれわれの大事な仕事であります。デザイナーさんも「ここは譲れないけれども、こっちのほうは譲ってもいいですよ」とか、現場も「そこは何とかがんばれば、もしかするとできるかもしれない」というようなことを何回も何回も議論をしまして、商品を毎年作っております。そういった意味では、一つの商品を作るにあたっていろんな物語というか、裏にストーリーがありまして、激しい話し合いをしたり、また時にはみんなの意見が一致することもありますけれども、いずれにしてもそういった形で商品を開発し、毎年やっております。

新製品開発をすることの良さというのは、何といっても当然市場が活性化する。これは当たり前のことですけれども、もう一つは先ほど言ったように、新しい技術・技法に挑戦することによってやっぱり現場が活性化するのですね。

最初は「できない」って言っていた若い職人たちもいろいろ研究をして、何とかこう、「これだったら社長、できますよ」というような非常に前向きな若い職人さんが多いのです。われわれもそういった彼らの気持ちをやる気を起こさせるような状況を作っていくことが、新しいものを作るには非常に大事だなってことをあらためて感じておる次第です。ですから、商品を開発するのは決してトップダウンでもいけませんし、現場だけの意見でもいけない。みんなで議論し、今までにないものを作ろうということを常に意識してやっております。

新製品開発というのは、私は企業の力を示す絶好の機会だと思いますし、企業の存在意義を示す大事な機会ということだと思います。リーマンショックなどの時は売上が当社も厳しく落ちました。でも新製品だけはどんなに状況が厳しくても翌年の9月に向けて作っていこうということでやりましたし、先ほどのような時は実は職人さんはなかなか注文が来ないので作れないのですね。

で、かといって職人さんたちを遊ばせているわけにはいかないので、大変苦しいのですけれでも、そういう時はとにかく研究をしなさいと。普段どうしても仕事、仕事で計画に追われて、なかなかそういった研究とかができにくいケースが多いです。そういう時はもう、職人さんたちも自分たちが作りたくても作れないということは非常に欲求不満が溜まりますけれども、それはあえて我慢して普段できない研究をしっかりして、いざテイクオフする時にしっかりとした技術を一つ開発しましたといえるように研究をしてほしいと話をしました。

そういう意味では、これからもいわゆる職人さんとわれわれがしっかりとタッグを組み、そしてデザイナーさんと内部のプロジェクトチームで議論をしながら新しいものを、実はもう来年（２０１６年）のものもスタートしていまして、今月もそろそろ新しい柄が出てくるのですけれども、そんなことを毎年やっております。企業の力の源ということで新製品開発は今後も力を入れてやっていきたいなというふうに感じております。

直営店戦略

次が直営店戦略です。私どもは印傳という鹿革を漆で模様を付けた袋物を作るメーカーでありますけれども、実は今、直営店が本店の甲府、東京青山、大阪心斎橋、名古屋御園と4店舗あります。本店は、戦前から実は小売りの店として営業しておりました。ですから小売りをするノウハウもそこにありましたし、そういう意味では非常に今はよかったなというふうに感じております。業界によっては、メーカーが直接小売りをするとなかなかうまくいかないというような業界もあるようですけれども、私どもは直営の店を本店で持っていたということで、わりとスムーズに1981（昭和56）年に青山に出店。1990（平成2）年大阪、2010（平成22）年に名古屋に出店しました。

卸のお客さまから「えー、（店を）出すの～」という反応は若干ありましたけれども、その辺はやはりしっかり説明をしてですね、結局大都市で店を出すということは気持ち的には先ほど言われたようなことはあるのですけれども、結果的には青山にしても、やっぱり東京の市場は大きいので、逆に直営店を出したことによって印傳の知名度は上がり、そこのお客さまもよくなったと、お互い結果的によくなったのです。どうしてもメーカーがしゃしゃり出ると、そういった問題が発生する場合があるということで、その辺は何とかお客さんとしっかりと会話をして、話をして、出店をするというような形をとっております。

ここのアリアの工場で作る全商品を小売りで売るということは実際無理なのですけれども、今私どもが大事に考えているのは、同じ売上でも、卸と小売りのバランスですね。これをいかに保ちながら売上をとっていくか、ということが大事だなと感じております。直営店の一番良いところは、やはり実際使っていただいている消費者と直接会話ができるということだと思います。時には耳の痛いご意見もいただくこともありますけれども、それはそれとして直すべきものは直し、フィードバックするべきものはして、商品開発なりに活かしていくということが非常に大事だなということを感じております。

それと、やはり直営店の良さというのは、当然キャッシュフロー的にはキャッシュオンデリバリー（代金引換払い）ということで、せいぜいあってもカードの売上ですから、不良債権もないですし、キャッシュの回転も非常によいということです。ただ難をいうと、直営店を出すのには非常にコストもかかりますし、事前の調査、どこに出店しなきゃいけないか、ということをしっかりと見極めてやっていかなければならないという難しさはあります。一方で、ある程度時間が経ってくると、経営にとって非常に大きな力となってくれております。そういった意味では、直売りと間接売りがどう売上を占めているかということを常に意識しながら、売上がとれたからよかったとか、売上が悪いからよくないということだけではなくって、中身はどうなのかということをしっかりと確認することが大事かなというふうに思っております。

あとは、やはり当社の直営店は、店によっても大きさが違うのですが、当社で作っているものすべてを展示して販売しております。百貨店さん等でも置いていただいていますけれども、せいぜいこのテーブル一つくらいの広さで、どうしても足の早いものだけを置かれるということになります。これはもうやむを得ないことだと思いますけれども、私どもの直営店では、足の遅い、こだわりの商品などもすべて置いて、お客さまに見ていただき、触っていただき、という形を取っております。そういった意味では、直営店の良さというのはその辺りにもあるのかなということを感じております。

価格についても当社の、直営店は希望上代価格で販売をしております。そうすることによって卸のお客さまも、強制はできませんけれども、結果的には皆さん、若干例外の方はいらっしゃいますけれども、ほとんどの方が希望上代価格で売っていただいています。直営店へ行っても、その価格で売っているのだから自分たちもそうしようという形でやっていただいております。価格をしっかり守っていく、値崩れをさせないという意味でも、非常に大事な直営店の機能かなということを感じております。

あとは、当然直営店ですから当社のスタッフが対応しますので、しっかりとした説明をし、店によっても大きさは違いますけれども、ゆったりと買い物ができるような感覚で店舗設計をし、お客さまをお迎えしております。ですから方向とすると、今のこの直間比率においてもう少し小売りを上げていきたいなと。

ただ先ほど言ったように100%全部小売りで、工場で作っているものを売れるかというと、これはなかなか売れません。やはりある程度数を作らないと一つ当たりのコストは下がりませんから、そういった意味では卸と小売りをいかにバランスよく売上を伸ばしていくかと、しっかりその比率を見ながらですね、やっていくことが大事かなというふうに感じております。

印傳屋の技法

それでは、ここで工程のところをＤＶＤでご覧いただければと思います。企業が作ったＤＶＤですので、若干コマーシャルベースになっているところは差し引いていただければと思います。

～ＤＶＤ上映～

今ご覧いただいたとおり、先ほど言いました鹿革に漆置き技法（写真５(a)）、燻《ふすべ》技法（写真５(b)）、更紗《さらさ》技法（写真５(c)）、この３つがこの印傳固有の技法でありまして、これを技術として伝承しております。また、それぞれの技法により特徴的な図柄となります（写真６(a)～(c)）。

今日はちょっと革を持ってまいりました。実はこれが当社で使っている平均的な、若干これより大きいものもありますけれども、この大きさのものを使っております。鹿はもっと大きな鹿もいるのですけれどもやっぱり肌がよくないのですね。革に装飾をしなければそういった粗い革でもいいのでしょうけれども、当社の場合は漆技法や更紗技法を施しま

写真５　印傳固有の技法

（a）漆置き技法

注：染め上げた鹿革に手彫りの型紙を置き、そこに漆を刷り込むことで模様を浮かび上がらせる技法。「印伝」の最も代表的な技法であり、鹿革と漆の特性を巧みに融合させ、さまざまな伝統の模様で彩るこの技法こそ、印伝の魅力を育んできた家伝。

（b）燻《ふすべ》技法

注：鹿革をタイコ（筒）に貼り、藁を焚いて燻《いぶ》し自然な色に仕上げる古来の技。印伝のルーツともいわれ、印傳屋の遠祖・上原勇七より代々家長の勇七のみに伝えられてきた技法の１つ。熟練の職人だけが駆使できる日本唯一の技を今も守り続けている。

（c）更紗《さらさ》技法

注：１色ごとに型紙を替えて、色を重ねていくことで、鮮やかな色彩の調和を生みだす技法。均等に色をのせるには、熟練の職人による高度な技術と手間を要する。主に漆付け前の下地に模様をつける工程に使われる。

出所：（株）印傳屋上原勇七

写真6　印傳固有の技法による図柄

（a）漆置き技法による図柄　（b）燻《ふすべ》技法による図柄　（c）更紗《さらさ》技法による図柄

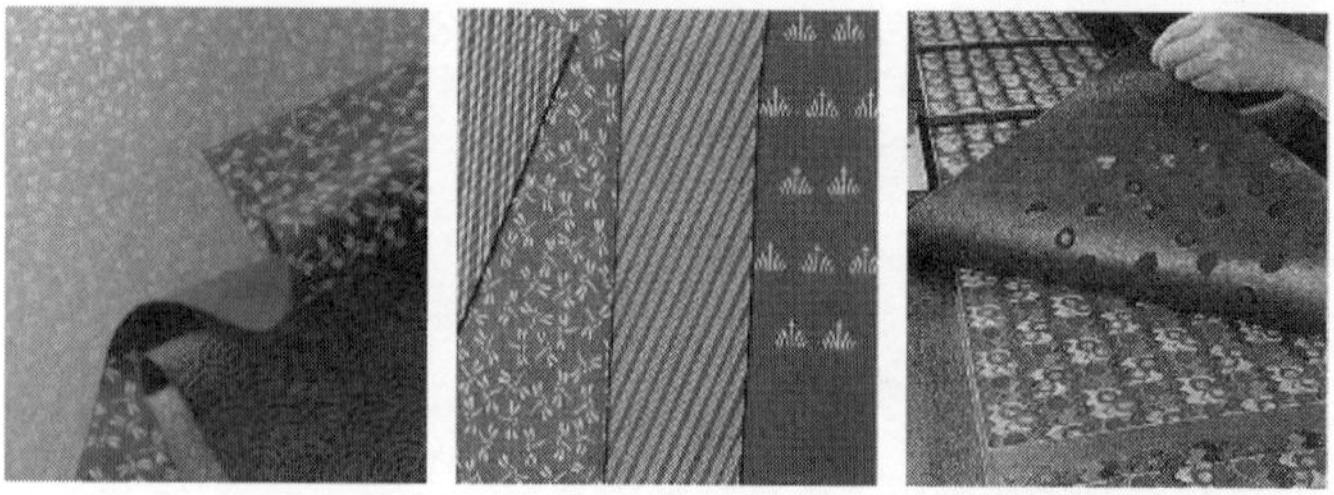

出所：印傳屋関連ホームページより

すので、やはり肌がよくないといけないので、残念ながら仕事は大変しにくいのですけれども、こんな小さい革を使っております（写真7）。

ですから、たとえば、こういったバッグを一面で一枚とればもうこれ一枚で終わりということで、大きなボストンバッグは、どこかにデザインで逃げておりますけれども、〝はぎ〟を入れているというような工夫をしています。

まず、白革の状態で当社に入ってまいります。で、染色工場がありまして、まずそれを当社では、黒と紺と臙脂と茶と、そのような色に染めるのですが、こんな形になります。これは偶然穴が空いていませんけれど、たとえば、こんなところに穴が空いていると、もうこの革はなかなか大きいものは取れないということになります。天然の素材だけに非常に難しいです。

写真7　鹿革を手に説明する上原重樹社長

出所：早稲田大学ビジネススクール長沢研究室

よく「先にプリントして後から裁断すれば楽じゃないですか」と言われるのですが、どうしても傷があったり穴が空いたりしていると品質的に問題がありますので、そういったものをよけながら裁断をしていく。ですから、こんな小さい印鑑入れもこんなような大きさの型に裁断をしてから一枚一枚、こう置いていきます。ですから非常に手間のかかる作業です。で、こういったところから表面のよさそうなところを裁断して、革を抜きます。型紙とヘラを使って上から漆を置いて乾燥させるという形で、それから縫製工程に入っていくわけです。簡単にいうとそんな流れでできております。

実は漆というのは非常に不思議なもので、

湿度を与えることによって乾燥するのですね。普通のものとは全く逆でして、ですから梅雨の時なんかはもちろん作業所は温度、湿度ともしっかり管理してやっているのですけれど、やっぱり外の天候の影響というのはどうしても受けてしまって、湿気が高いと放っておいても乾燥してしまう。逆に冬なんかはもう部屋が乾燥しきっていますから、どんどん作業所を加湿するのですけれども、なかなかやはり外の天候の影響というのはどう管理をしても受けてしまいます。職人さんたちも一年間同じことをやっていればいいのではなくて、湿度と温度がどうなのかということを見ながらしっかりとその時々によって漆の固さを変えるとか、いろんな工夫をしてやっております。

ただし、天然の鹿革に天然の漆をのせますので、年間不良品が出ないかというと、これはやっぱりどうしても出てしまいます。これをいかに減らしていくかと。ゼロにすることが最高でしょうけれども、天然のものだけに難しさはあります。企業としてはそれをいかに減らしていくか、まあ、ただこれ、なかなか簡単にゼロにならないところが天然のまた良さでもありますし、誰でも真似ができないという部分でもありますので、これはわれわれがまだまだ今後しっかり漆を極めていく必要があるのだろうなと常々感じております。

アフターケアの充実

それでは続きまして、アフターケアの充実についてです。当社では年間100万個くらい商品を作っております。これは小さい印鑑入れからこういう大きなバッグまで入れてですけれど、どうしても使っていくと不具合が出る場合があります。鹿革は非常に丈夫なので、たとえば、小銭入れなんか革のほうはいいのですけれど、ファスナーが壊れてしまったとか、そういったお客さまからの要望がかなりあります。当社では基本的な考え方として、できるだけ長く当社の印傳を使っていただこうということで、直せるものはしっかりと直してまたお客さまにお届けするということを非常に力を入れてやっております。

特に直営店では修理キャンペーンというのを年一回やっておりまして、現場の職人さんが売場に行きまして、これはまあ3日間くらいの催事ですけれども、お客さまから見せていただいたものをその場で直せるものは直しますし、持ち帰って工場で直す場合もあります。すべてが無料とはいかない、有料の場合ももちろんありますけれども、できるだけ印傳屋は売りっぱなしではないですよということをお客さまにしっかり理解していただいて、安心して印傳の商品を買っていただき、お使いいただけるようなお互いの信頼関係ができれば非常によい長い関係ができます。

「印傳はあまり壊れなくて大変ですね」とよく言われるのですけれども、私どもはそうではなくて、そのことによってその良さをお客さまに知っていただいて、また次の何かの時に、じゃあ印傳を買おうかという形になればいいなと考えています。当社は企業の歴史も長いですし、われわれ経営のほうも物事を判断する時に長いスパンでものを考えるのですね。でも、もちろん企業ですから明日の売上、これは大事ですけれども、一方で、このことをやることによって5年後、10年後どうなるのだろうかということを考えながらやっております。その辺りがわれわれのような家族でやっている同族企業の良さなのだと思います。

私の息子が大学生でして、彼が跡を継ぐかどうか、これはわかりませんけれども、お祖父さん、お祖母さんがしっかりその辺は話をしてくれていると思います（笑）。極端な話、息子の十五代の時に花開くように、今私が土を耕していると。これは極論です。極端ではありますけれども、そういったような考えを持って、いろんな物事をジャッジし、行動を起こしております。そんなことをいっても会社が潰れたらこれは元も子もありませんけれども、もちろんそこは押さえながら長い目で物事をジャッジしている、というのが当社の特徴ではないかなというふうに思っております。

そういう意味では、安心して当社の商品をお使いいただけるような、印傳屋という企業を信頼していただけるような良い関係をお客さまとできれば、これこそ長く保って次の商品を買っていただくまで間が空いていても、これはもう逆に信頼関係ができることによっていろんなメリットがありますから、当社としてはそういうことを意識しながらやっております。

企業理念の制定

次に企業理念制定ということで、実はたった90名弱の企業ではありますけれども、やはりいろんな社員さん、若い方が入ってきたりしますので、考え方がどうしても一方向で動かないというようなことが発生することがあります。それではいけないということで、いろんな機会を設けて、朝礼とかいろんな場面で話をするのですけれども、なかなかそれだけではいい方向へ行かない。さあどうしようということで、たしか２００３（平成15）年だったと思いますけれども、企業理念を制定いたしました。

この企業理念制定というのは、私どもの特徴的なところは、もちろんわれわれトップの思想もしっかり入れるのですが、それだけではなくって社員さん全員に参加してもらい作りました。もちろん専門家にも入ってやっていただいたのですが、半年くらい土曜日の午前中に皆さんに出てきていただいて、時には用事がある方は出られないこともありましたけれども、基本的には出てきていただいて、みんなでディスカッションをしまして、印傳屋はどうあるべきなのかとか、これから印傳屋はどういう方向に進まなければいけないのかとか、いろんな角度からみんなで話し合いをして、企業理念というのを制定いたしました。ですから、われわれの思想も、そして社員の皆さんが考えていることも盛り込みながらの制定ということになりました。

社員の皆さんにとっては自分たちが仕事をするうえで、考えがそこに入っているわけですから、当然社員の皆さんも、それを作った以上責任がありますし、われわれも社員の皆さんもできるだけ同じ方向を向いて、同じベクトルで仕事をしていくことが大事ではないかということで、策定をしました。毎年毎年入ってくる社員・新入社員にはそれを渡して会社の考え方を、100％理解してくれているかどうかはわかりませんけれども、できるだけわれわれの考え、みんなで考えた当社のあるべき姿というものを共有して、一緒に仕事をしていこうという形で企業理念を制定し、今もそれを実行しております。

印傳博物館

次に印傳博物館についてです。先ほどDVDに出てきましたが、1999（平成11）年、今から16年前（講演時）にオープンしました。甲府は実は戦災でですね、1945（昭和20）年の7月にやられてしまいまして、当社のお蔵もあったのですけれども、貴重な資料がそこでかなり失われたのが実際であります。そんななかで何とか難を逃れたものとか、人から譲っていただいたものとか、いろんな古いものがたくさん、たくさんとまでは言いませんけれども、少しずつ集めているなかで、これをどうにか印傳屋の責任として、昔の印傳はこうでしたよということを見ていただこうということで、この博物館をオープンいたしました（写真8）。

写真８　印傳博物館の内観

出所：（株）印傳屋上原勇七

これもやはり専門家の東京国立博物館のOBの先生に入っていただいて、造ったものです。われわれは全然素人で、博物館というのは古いものを展示してお客さまに見ていただければいいのだろうな、ということが頭にありました。

これは一つの正解ではあるのですが、その先生いわく、「今あるこういった古い物を、100年後も同じ状況で、100年後の皆さんに見ていただくのが博物館ですよ」と。ですから当社では年4回、企画展というのをやっているのですが、今回のこの印傳の型紙というのも2か月ちょっとです。こういう企画で、古典品を出しまして、これが終わるとまた別の企画があるのですが、ここで並べたものはすべて収蔵庫にしまいます。なぜそうするかっていうと、出しっぱなしにしておくと古物が傷んでしまうのですね。ですから先ほど言ったように100年後でも同じ状況で保管できるかってことは不可能になりますので、そういった意味では非常に息の長い文化的事業ですからなかなか大変なこともあります。

しかし、これこそわれわれ印傳屋が後世に伝えていかなきゃいけない一つの仕事だろうということで、今年16年目（講演時）を迎えました。決して大きな博物館ではありませんけれども、一応学芸員もおりまして、小さくても中身のあるものをやっていこうということで、いろんな企画を限られた予算と知恵を出し合いながら博物館を展開しております。本店の2階に博物館があるのですが、最初の頃はお買い物に来られたお客さまがついでに博物館をご覧いただくというのがほとんどのパターンだったのですが、最近はもう博物館目当てにお客さまがお見えになるようになりました。決して博物館はそんな宣伝をしているわけではありませんし、どうやってお知りになったのか、たぶん時間が経つことによっての口コミだと思います。

こういった文化的事業というのは非常に大変ですし、またわれわれ中小企業がやることですから、予算的な限度もありますが、そのなかでもお客さまに喜んでいただける。温故知新ではありませんけれども、やはり昔のこの古物というのはいろんなヒントをくれまして、そういう意味ではこういったものをしっかりと後世に伝えていくことが、また印傳屋の歴史を振り返る意味では非常に大事なことではないかなというふうに感じております。これも地道な活動ですけれども、しっかりやっていかなきゃいけないなと感じている次第であります。

伝統と革新

最後に、伝統と革新についてです。この言葉はよく伝統産業、われわれのような伝統産業で使われる言葉であります。当社も天正10年、１５８２年創業ということで、これは非常にありがたい。歴史があるということはご先祖様がしっかりやってきていただいたことの連続で今われわれが今日あるということですから、これはもうわれわれの先輩たちに感謝しなきゃいけないことだと思います。

ただ、もともと鎧兜だったものが先ほどご覧いただいたような革羽織ですとか莨入れですとか、こんなモノに変わり、今はこういった袋物になってきたということで、技術・技法、鹿革に漆で文様を付けるとか、燻べの技法とか更紗の技法、これはもう一切変わっておりません。ただ変わってきたのはそれを使って何を作るかと。どういうデザインで、どういう色を使って、どういう文様を使って、どういうものを作るかと。それぞれの時代によって、それぞれの当主がいろいろ工夫をしてきたことの連続で今につながっているのではないかなと思っております。

そういう意味では、常に伝統はしっかりありがたくいただきながらも、われわれが革新ということを常に意識して、昨年こうだったから今年もこれでいいというわけではなくって、結果的にそうなったとしても、しっかりとしたそういう検証をしながらしっかりジャッジをしていくということが大事ではないかなというふうに思います。すばらしい技術とか良い素材というのは非常に大事ですけれども、それだけではダメであって、それをいかに今の、それぞれの時代のお客さまに評価していただけるようなものを提案し続けることができるかどうか、これは革新し続けることができるかどうかということだと思います。それが非常に大事だろうと、私は思っております。

経営をしていると毎日毎日いろいろな問題が起こり、普段ないことが発生することがたびたびではありますけれども、基本はしっかり自分の考えを持ちながら、そういったイレギュラーのことが起きても、しっかりとよく考え、対応していくことが大事かなというふうに感じております。

最後に、グッチ（GUCCI）社とのコラボの話をちょっとしたいと思います。昨年（2014年）、ある方のご紹介でグッチ社と接点を持つことがありました。今回のグッチ社の場合は、日本の伝統工芸ということに非常にフォーカスされ、型紙ということに一つ視点を置かれたなかで、印傳もその型紙を使って作るということで、印傳と伊勢型紙に焦点を当てていただいて、何か一緒にできませんかということでコラボをすることになりました。

大概ああいうブランドさんというのは、どちらかというと「材料だけください」みたいなことで終わることが多いのですが、今回のグッチ社の場合はそれ以前にいわゆる日本の伝統工芸に対する考え方、こういったすばらしい技術、これを何とか世界に、また日本でも見直していけるのではないかなというような発想だったと思います。そういうことで今回コラボし、また第2弾も実はやったのですが、非常に好評で、第3弾はどうなるかわかりませんけれども、非常にいい評価をいただいております。

実は2回目のコラボの商品の中には「GUCCI in collaboration with INDEN」というプレートがすべて入っているのですね。ですから印傳をただの素材として仕入れてきて作ったという感覚じゃなくって、「印傳という日本の伝統的工芸品の革を使って、一緒に作りましたよ」ということのグッチ社の表明ではないかなというふうに思っております。そういう意味ではわれわれも一緒にやって非常にありがたかったことと、やりがいもあり、現場の職人さんたちは自分たちが模様を置いた商品がグッチ社の商品として開発されたことに誇りを持って取り組んだと思います。

その代わりしっかりと「GG」のマークを漆で置かなければなりませんから、そういったチェックも受けますので、ある意味現場がまた活性化し、企業としても印傳屋が本気で取り組んでいるということを評価された部分もあるので、ああいったコラボというのは今後も、すべてできるわけではありませんけれども、われわれの考えと相通ずるものがあった時は、ぜひ挑戦し、いろんなハードルは高いですけれども、それを何とか努力で、手が届くようにがんばってやっていきたいなんていうふうに思っております。

そんなことで、今日は私どもがやっていることを、勝手にお話しさせていただきました。ご質問があればお受けしたいと思います。（拍手）

質疑応答

【長沢（司会）】 どうもありがとうございました。さあ、印傳を特に知らなかった人もすごいブランドなのだということがわかりましたでしょうか。それでは活発な質問、ご討論をお願いいします。

【川村（質問者）】 よろしくお願いいたします。長沢ゼミの川村と申します。本日は大変貴重なお話をいただきましてありがとうございます。質問に関しては2つほどあります。

まず伝統というところでぜひおうかがいしたいと思います。今ちょうど社長のお父様が十三代目ということで、「勇七」という名を代々継いでいらっしゃるということで、僕が九州の出身ですので、やはり柿右衛門がですね、代々「柿右衛門」を名乗って、亡くなられたら柿右衛門を継いでいます。そこで、誇りというところを何か、ぜひおうかがいしたいなと思います。特に僕なんかはサラリーマン家庭なので継ぐものがないものですから（笑）、そういう伝統的なマインドとか何かあればおうかがいできたら、というのがまず一点です。

もう一つですね、新規開発についてぜひおうかがいしたいなと思います。僕自身も仕事でいろいろと新規プロジェクトの、たとえばリーダーなどを務める時がありますが非常に苦労します。先ほど社長がおっしゃられていた、たとえば職人さんですね、特に頑固な方やこだわりがある方が多いかと思うのですけれども、そういう方をまとめるうえで心掛けている点についてぜひおうかがいできればと思っております。すみません、よろしくお願いいたします。

【上原】 小さい頃は先ほど言ったように職と住が一緒で生活していました。20年前に今のアリアという工業団地に移転しました。「いつ印傳屋の跡継ぎになることを決めたのか」というふうによく聞かれるのですけれども、僕の小学校の卒業アルバムに、将来何になりたいという所に、「印傳屋の十四代目社長になりたい」と書いてあったのですね。だから小学校6年生のレベルですからそこまで深く考えての答えではなかったのかもしれませんけれども、上原家がどういう仕事をしていて、職人さんたちがいて、職人さんたちが漆を置いていたりするところを見たりしていましたから、どういう仕事をうちの父親、お祖父さんが、お祖父さんは私が生まれた時にはもういなかったのですけれど、やっていたのだなってことは子供ながらにわかっていた気がします。

私の場合はお祖母さんが、「重樹、お前は大きくなったら印傳屋を継ぐのだよ」ってことを小さい頃からね、仕込まれていました。親は一切そういうことは言わずに、親父もお袋もそんなことは言いませんでしたけれども、たぶん男というのはどちらかというと口で言うよりも背中で見せるという部分があるのだろうと思います。親父の背中を見て、これは継がなきゃいけないなという発想になったのだと思います。

誇りといえるかはわかりませんが、自信を持ってというか、「僕は大学を卒業したらこの仕事をやるのだな」ということを小さい頃から意識していたことは非常によかったと思いますし、そういう意味では僕が今できることは、この企業を大きさはともかく中身を、より充実させた企業にして、子供が継ぎたくなるような企業にしておかないと、いくら「継げ、継げ」と言っても、「潰れそうな企業だったら嫌だよ」ということは、これはもう、あり得ることだと思います。私も息子に「継げ、継げ」なんてことは一切言っていませんけれども、しっかりと、小さくても中身のある企業にすることが大事だと思いますし、今そういうことを僕はあえてやっております。

ご質問の答えになったかどうかわかりませんけれども、いずれにせよ小さい頃から印傳屋が頭にあり、他の仕事に就くことは一切考えなかったですね。考えなかったというか、結果として考えなかったというか。意識的にというのではなくって、印傳屋を継ぐものだろうということをずっと持って育ってまいりましたので、そういう意味では自分の家の仕事ですから、大変さもわかっていますし、でもまあこの家に生まれた以上は携わるのはたぶん30年、40年メインでしょうから、しっかりその役目をして、さっき言ったようなより良い状況で次に渡せるようにね、微力ながらやっていきたいな、なんてことは感じております。最初のご質問はそんなものでいいでしょうか？

【川村】ありがとうございます。

【上原】職人さんのところですけれども、やっぱり今の若い職人さんは、他の若い社員と違いますね。職人さんはやっぱりある意味こだわりというか、頑固さは、昔ほどの職人さんではないにしても、ありますね。

ですから彼らとは、ただ命令をするのではなくって、現場に行って、しっかりと議論する。逆に現場に「事務所に来て」と言う時もありますけれども、彼らは議論をして納得すれば、一生懸命やってくれますから、それをいい加減な命令をすると、「何で？」と言う。これは職人さんだけじゃないかもしれませんけれども、信頼関係を作るには話し合いをしっかりして、時にはもちろん話し合いがぴったり合わない部分が出てくる時もあると思

写真9　印傳屋製の印傳が施された例

（a）印傳がハンドル、シートに施された日産自動車のコンセプトカー（JIKOO）

（b）女性用の衣服

出所：（株）印傳屋上原勇七

いますけれども、でも何もしないで逃げていたら絶対よいことはありませんから、できるだけ本音で話し合って、自分が考えていることをお互いに言い合いながらそういう関係にあれば、時には考えがちょっと違っても最終的には納得できることが多いですね。100％じゃないですよ。ですからやっぱりしっかりと議論をする、これが何より大事なことじゃないかなと思います。特に、自動車の内装や女性用の衣服に印傳を施した時は大変でした（写真9(a)(b)）。

【川村】ありがとうございます。

【和田（質問者）】和田と申します。本日は貴重なお話をどうもありがとうございました。私は印傳を知らなかったのですけれども、直営店のホームページを見ていてですね、早速行って実際に触ってみたいと、そういう気持ちに駆られています。

質問はマーケティングの4Pに関してです。今日のお話でプロダクト（Product）とチャネル（Place）についてはは理解できたのですけれども、まず価格（Price）ですね。伝統とか格式というのをどう値付けするのか、高すぎてもちょっと厳しいのでしょうし、安すぎてもやはりブランドを毀損してしまうというところもあると思います。この値決めというのは、すごく難しいだろうなと考えているのですけれども、そこら辺、どういうお考えで値段を決めていらっしゃるのかという質問が一点目です。

もう一つが販促（Promotion）の話なのですけれども、あまり大々的に印傳の広告を見たりとかということは今まであまり記憶はないのですけれども、やはり大々的にやるということではなくって、「知る人ぞ知る」というところでじわじわ広がっていけばいいのだよ、というお考えなのか、それともある時点で裾野をぐっと広げるということも先々はやっていかなければいけないのか、そこら辺どのように将来像をお考えなのか、というところを教えていただけると幸いです。

【上原】 価格については、当然まずは原価計算をします。これは本当に参考のために。ただ最終的にはその原価計算の数字は頭に入れながらも、われわれがやっているのは、いつも自分が消費者の立場になって、じゃあ「この商品だったらいくらだったら買うかな」という、決して安く買おうということではなく、ちょっとがんばれば買えるかなと、こんな高いとやっぱりなかなか難しいと思いますし、その辺を基本的な考えにしております。

ですから「ちょっとがんばれば買えるかな」ということを意識しながらの値決めです。自分自身が消費者になったつもりで、これは私一人じゃありませんけれども、プロジェクトチームのみんなとそれぞれ、「これいくらぐらいだったらがんばれば買えるかね」というようなことを、当然その人によって、ぴったり合うなんてことはないのですが、その辺を参考にしながら、もちろん原価のことも大事ですし、両方を加味しながら値決めはしております。

よく「印傳は高い」って言われますけれども、反対に最近は「印傳、これちょっと安いんじゃない」と言われることもあるのでね、この価格ってのは非常に難しいですよね。あんまり企業が強気でいってもいけないと思いますし、かといってお客さまに媚びて安くすればいいというものでもない。当然われわれの仕事一つ一つ手仕事で作っていきますから、決して安ければいいというものではないですし、その辺非常に難しいところではありますけれども。今言われたように、価格ってのは非常に大事、商品にとって大事なものですから、みんなで意見を言い合いながら、最終的には私が決めますけれども、そんな形でPrice は決めております。

【和田】 これだけの手間が掛かっているものが、この値段で買えるのかというのが私の正直な感想でしたね。

【上原】 なるほど。やはり過去からの流れというのもありますので、よっぽど原材料が値上げしたというのだったら別でしょうけれども、普通だったら、じゃあこれを3倍にしますってことは無理ですし、どうしても今までの流れがあるので、今言ったようにどこまでがんばれるかということと、今までの流れがあるので、これをじゃあ倍にしますってことはなかなかできないので、その辺を加味しながら価格は決めております。

それと販促ですけれども、先ほど言われたとおり、当社ではそんなに広告宣伝、直営店でイベントをするような時は年何回か新聞に出しておりますけれども、そんなには新聞等では広告はしていません。最近多いのは、やっぱりインターネットの利用です。当社の場合、年齢層がどうしても若干高いので、だんだん若年化はしていますけれども、それでも40代以上の方が非常に多いので、そういう方も最近は「ホームページを見て来ました」なんていうお客さまがかなり増えてまいりました。

どちらからというと、先ほど言われたような口コミが今までは非常に強かったですし、これは非常にうちとしても大事にしていく。何よりも企業が「良いよ、良いよ、良いよ」って言ってもお客さまは正直、逆に引いちゃいますよね。第三者が「良いよ」って言ってくれるのが一番強いですからね。よくデパートの催事なんかで、知らないお客さまがいらっしゃって、お客さま同士が「この札入れ、使いやすいのですよ」というような話をされるのですね。そういうのが一番われわれとしてはありがたいことで、われわれが言うんじゃなくて、実際使っている、印傳屋に直接関係のない方がそう言ってくれるというのが非常に強いです。

そういう意味では、なんていうのでしょうか、口コミっていうのは非常に時間がかかるようですけれども、非常に強いですし、これは一方でしっかりやってくことと、もう一つはやっぱり、ネット販売はしていませんけれども、うちは情報発信に力を入れております。インターネットを見て、という方がかなり増えていますから、その辺はより中身を充実していく必要があるのだなと。

当社の場合、どうしても卸のお客さまがたくさんいらっしゃるので、あんまりメーカーが直接ネットでバンバン売っちゃうのもどうかな、ということもあって、今のところは、その代わり逆に直営店に来てくださいと。直営店に来れば全ラインナップが実際自分の手に取って見られますよ、ということで、先ほど直営店のメリットをお話ししましたけれども、直営店の良さってのはまさしく自分たちの配下でコントロールできますし、われわれ社員が対応できるわけですから。

よく試し販売なんかは直営店でやるのですね。流通に流しちゃうとこれ、印刷物から何から全部流しちゃうと、やっぱり止めたってわけにはいきませんが、小売りですとスタッフが「これ、もう限定で終わりですよ」って言えば済みますし。流通でいきますとその先があって、その先があっていうと、なかなか収拾がつかなくなってしまうので、そういう意味では直営店というのはいろんなことを試せるいい機能かなって思っております。

【和田】 ありがとうございました。

【上原】 すみません、話がちょっと違うほうに（笑）。

【片山（質問者）】 住友林業という住宅メーカーに勤務している片山という者です。今日は本当に貴重なお話をありがとうございました。ちょっとすみません、結構ガチな質問なのですけれども、私はビジネススクールで住友林業の新しいビジネスプランを考えていて、そのなかで住友林業というのはなかなか古い会社で1891年創業の伝統を大事にしている会社なのですね。住友財閥の初めの伝統を守るというところと、あとお客さまも、おっしゃったように40代、50代のお客さまが非常に多くて、一応高品質のものを売っているので、伝統工芸品とかですね、伝統産業の商品を、たとえば、住友林業のOBのお客さまに販売するとかいうのが親和性が高くていいんじゃないか、というふうにちょっと検討しているんですね。そういうのはどう思われますか。

ちょっと今ウェブでというのはどうかな、とお話をされていたのですが、たぶんやるとしたらカタログかウェブだと思うのですが、そういうのを現実的に考えているのですけれども、もしやるとしたら、もちろん交渉はあると思うのですけれども、有りか無しか、完全に無しであれば諦めるのですが。(一同笑)

OBのお客さまに、一応30万世帯、海外も。そういうお客さま向けに新しい提案をということで、今全然そこら辺の開拓ができていないので、私のほうで一応今考えているのが伝統産業を集めて、それを展開していくと。まずはうちのOBのお客さまに、というのを考えていて、それで今日すばらしい機会だなと思って参加させていただいたのですが。そういうのは有りか無しか。

【上原】 それは、ちょっと話し合いをしなければなりませんが、基本的に今の段階ではN

Oというものではないので、細かいところはお話をさせていただいて、それは可能性としてはあると。

【片山】かなり親和性が高いのですね。やっぱり今日お話を聞いていて、いいなと思ったのですよ。もちろん御社だけじゃなくていろんな会社を研究しないといけないなと思っているのですが、それをテーマに専門職学位論文を書くことも考えていますし、私は企業派遣で早稲田大学ビジネススクールに来ているので、さらに弊社社長に提案するのですね。本当に提案しようと思うのです。それで今日は気合いを入れてきたのですけれど。（笑）

【長沢】それは要するに、住宅を売りっぱなしじゃなくて、住宅を買っていただいた中高年の方に引き続き、住宅に限らず、いろいろ売っていくビジネスモデルを考えていて、そういう時に上原勇七の印傳はちょうどいいのではないか、ということね。（一同笑）

【片山】おっしゃるとおりです。（一同笑）

【長沢】質問じゃなくて商売だね。（一同笑）

【片山】いきなりもう完全にNOであれば、また考えなきゃと思ったのですが、今の話の範囲内ではまだNOということではないので、あとでお話をさせていただいてもよろしいでしょうか。（一同笑）

【長沢】お話もいいのだけれど、ぜひ甲府の本店と印傳博物館や、本社を訪ねてください。本社は甲府市ではあるのですけれども、最寄駅でいうと石和温泉駅になりますが、甲府市郊外のアリアという地区に写真1にあるモダンな建物があるのだけれど、その中にガラスの向こう越しにさっきの燻技法という、タイコ（筒）に鹿革を巻き付けて本当に建物の中で燻しているのを見るとね、けっこう驚きます。私もすごく驚いたし、要するに江戸時代の技法を、平成のモダンな建物の中でやっているのですよね。そこで手間を掛け作っているのを見ると、「あ、高くてもしょうがないな」って驚きますので。（一同笑）

【内田（質問者）】長沢ゼミのM2で内田と申します。本日はありがとうございました。私は1年くらい前まで、グッチ（GUCCI）におりまして、ちょうど御社の製品とのコラボレーションというのを非常に近くで拝見していました。ここ1年くらいちょっと変わってきているのですけれども、グッチは本来非常に職人を大事にするカルチャーがありまして、そういったところが御社と非常に共通点があるのかなというふうに当時から思っていました。実際にグッチとコラボレーションされて、共通点のようなものをもし見つけられていたのであれば教えていただきたいなということと、あとは、難しかったことがあればぜひ知りたいです。

彼らけっこう時間を守らなかったりするので、なかなか大変だったりするのですけれど、そんな些細なことでもけっこうです。それから職人が活気づいたというお話でしたが、ほかにも御社の視点からの、イタリアのブランドからの学びのようなものがもしあれば教えていただきたいなと思います。

【上原】はい、ありがとうございます。グッチ社との2度目の時は伊勢丹で開催しました。本当は印傳の漆職人も来てくれということで言われたのですけれども、さすがに温度・湿度が管理できないところで漆を実演するとお客さまのかぶれの問題も出てきますので、お断りしました。そうしたら伊勢型紙の職人さんはどうですかということだったので、これはもちろん温度・湿度関係ありませんし、かぶれもないですし、伊勢丹のグッチ社の製品を売っている横で職人さんが作業しているところを見ていただく。先ほど言ったように、ただ革だけ材料として頂戴、という発想ではなくって、職人さんを大切に、現場主義だなということを感じました。

グッチ社の職人さんを大事にする姿勢っていうのはわれわれに非常に似ているなという。まあそういう点でも一緒にやらせていただこうという発想により加速させたのもありますし、同じブランドさんでもいろいろあるのだな（笑）ということを感じました。

それと次、難しさですね。今回、実は私どもで鹿革にグッチ社指定の柄で置いて、それをお納めして、袋物にしたのはグッチ社でした。やはり最初の図案がデータで送られて、これは紙の上に印刷されているわけですね。漆ってのは表面に、立体的になりますから、どうしてもシャープさが欠けてしまうとか、細かい線は出しにくいとか、漆独特の制約がありました。そうはいってもやっぱりブランドさんですから、マークをしっかり出さないといけない。そこがやっぱり一番難しかったですね。しかも革がこんな大きいですから。

【内田】（私物のグッチのバッグを見せながら）この模様ですよね、「ＧＧ」マークの。

【上原】そうです。

【内田】普段は革にエンボスなので凹んでいる作りなのですけれど、たぶん印傳だと立体的に盛り上がらないといけない。そこが大変だったかなという感じがしましたね。

【長沢】エンボスじゃなくて盛り上げた？

【内田】凸凹の差でちょっとこうプラスマイナスみたいのがあるのかな、そこがやっぱり難しそうで。

【上原】今回小物も作りましたけれど、バッグも作りました。こんな大きい革を装飾するために、こんな長いヘラで置くのですね。そうすると大きい革の中で、右端と左端を均一に立体的にしっかりのせるのは非常に難しい。力もいるのですね。だから大きくなればなるほど革は難しいのですね。小さい革でしたら短いヘラで置けばいいのですが、大きい革ですとこんな長いヘラを使って置かなければならない。非常に難しいですね。

ただ、今のご質問はデザインが、模様のデザインが命でしょうから、そこにいかにグッチ社の求めていることに近づけられるのか。データどおりにはなかなかいかない。これはこちらからも説明をさせていただいて、できるだけ範囲内で近づけたというところがやっぱり大変だったと。

【内田】 何回か試作のやり取りをさせていただいたと。側で見ていたので。

【長沢】 グッチの職人さんは鹿革を縫うのはわりとOKだったのでしょうか。

【上原】 最初ですから作る前にサンプルを送って、やはり試しを、試し縫いっていうのですかね、もちろん、漆を置いていない鹿革というのはヨーロッパでたくさんあると思います。

【内田】 先生、グッチも出していましたよ。ここ数年は出してないですけれど、5年くらい前はけっこう出していました。ただ鹿革でも仕上げ方が違うので、やっぱり最初は慣れないと、いきなり印傳やってない方がやると、その難しさってのは感じられたと思います。

【長沢】グッチに関しては、『グッチの戦略』を最近（2014年）出版しましたので、ご覧ください。コラボ関連で私から質問です。2009（平成21）年に『地場・伝統産業のプレミアムブランド戦略』という本を出したのですけれど、その中で上原社長にインタビューしたら、某欧米ラグジュアリーブランドとコラボするって言われて、最後の最後、校正でティファニー（TIFFANY）だってわかったので、本に入れさせていただいたのですが、前回ティファニーで、たしかウォレットをダブルネームで出したとうかがいました。

【上原】ティファニー社とはもう30年くらいのお付き合いで、長いお付き合い、今もですから。鹿革に漆で柄を置き、商品を製造し、完成した商品をお納めしている形です。最初にデザイナーさんが見えた時に、いろいろ話すなかで「ぜひ商品の中に山印マークを入れてくれ」ってダメ元で言ったのですね。そしたらいろいろ、そのデザイナーさんが日本のいわゆる伝統工芸、竹細工とか漆塗りとか印傳もその一つだったのですが、日本の伝統工芸に非常に興味を持っており、それを何か使ってティファニー社で商品開発をしたいということだったので、そんな無理も聞いてくれて。実は今も商品の中に必ず「山印マーク」が入っています。それ以来、長い長いお付き合いをさせていただいています。

【長沢】ティファニーのデザイナーって女性の方？

【上原】あのエルサ・ペレッティさんという女性のデザイナーですね。オープンハートとかビーンズの模様を作成された方ですね。

【長沢】御社にとってティファニーとグッチと使い分けているというと言葉が悪いですけれど、あるいは今後、ほかに、たとえばディオール（Ｄｉｏｒ）から話が来た、なんていうと、一応やはり聞く耳は持つのでしょうか？

【上原】まあただ、今グッチ社とやり始めたばっかりなので、それは節操ないなって（笑）。それはやっぱりある程度、しばらくは腰を据えてやらないと相手に対しても失礼ですから、今のところは、おそらく「事情があってできません」という話をすると思います。

【加藤（質問者）】貴重なお話をありがとうございました。加藤と申します。一点おうかがいしたいのですけれども、今のコラボレーションする相手を選ぶことにも共通しますし、あと毎年新しい柄を出されているということをうかがって、その柄を選ぶ時の基準になるコンセプトであったり、何かこう一筋通っているものがあるのか、もしくはその時代に合わせて選んでいっているのかというのは、どういった視点があるのでしょうか。

【上原】柄については、基本的にはあんまり細かいことは言いませんけれども、今年はちょっと小さめの柄を作ってくださいとか、革はこんな色でやってくださいというような大きい部分でのリクエストは出します。あと花の柄なのか、何の柄なのかというのは一切デザイナーさん任せで、それももちろん一種類出していただくんじゃなくって数種類出たなかで作っていきます。

たとえば、ペーパーの上では非常にきれいなのだけれど、実際型紙を作って革に置いてみるとイマイチだなという時もありますし、逆にペーパーではイマイチだったけれど、型紙を作って実際置いてみると思ったよりよかったねということもありますので、やっぱりその辺は実際型紙を使って漆を置いてみないと判断しにくいです。

ただ、先ほど言ったようにある程度、今年は地色は黒で、柄はちょっと大きめとか小さめとか、来年は小さめという話は実はしてあるのですけれども、そんなリクエストはします。あと細かいことは一切デザイナーさん任せで。ただ当然デザイナーさんから出てきたなかでも、何年かやっているとだんだん印傳の特性もわかってきますけれど、あんまり太い、太すぎる線があると漆が折れることがあるし、細すぎると柄が出ないとか、いろんなその印傳の特徴がありますので、その辺を理解してもらって出していただかないと、型紙を作ってから何度も修正がかかったりしてしまいます。

特に、デザイナーさんが初めてやる時は非常に大変ですね。ペーパー上は非常にきれいでも、これ実際印傳の商品には無理ですよということが、しっかり説明しておかないとそういうことが出てきます。印傳にとって、もちろん商品の形とか色とかも大事ですけれども、柄ってのは非常に大事ですね。売れる売れないはそこにかかっているといってもいいくらい。ですから、柄についてはわれわれも慎重にデザイナーさんと相談をして、毎年作っています。

【長沢】 ありがとうございました。そろそろ時間ではありますけれども、私の特権で質問です。実は訪問した時にも、ちらっとうかがったのですけれども、帝国データバンクなどの調べによりますと、御社の利益率は50％近いというふうに出ているのですが。（一同驚く）

【上原】 帝国データバンク？　それ間違っていますね。（一同笑）

【長沢】 それで地場産業とか伝統産業というと、日本ではですね、ほとんど潰れそうな会社のことを指すわけですが、御社だけがどうして優良体質でいらっしゃるのか。あと、今後もし課題があるとしたら何だと社長は考えてらっしゃるか、2つお聞かせください。

【上原】 決して利益率50％ということは、これはありませんけれども、先ほどの話と重なるのですが、やっぱり直営店ですね。直営店は当然、希望上代価格で販売しますから。流通となると当然先方さんの利益もありますから、掛け率が発生しますし、あとは先ほどのキャッシュフローのことを考えてとにかく直営でしっかり売る。まあ先ほど言ったように100％小売りで売ることは無理ですけれども、できるだけ自分で作ったものを自分で売る力を持っておくというのはやっぱ強いですね。問屋さんにおんぶに抱っこになっちゃうとダメですね。

うちは自主企画で商品を、当社が企画をして定番を売っていただいて、長いお付き合いで売上が上がってくると、「じゃあＯＥＭで御社オリジナルの柄、何かやりませんか」みたいなことをこちらからも提案します。最初からＯＥＭ、この柄だけでやってくれというのは基本的にはやらないのですね。だからそういう意味では自主企画で、主体性のある商売を自分で力を持っているとできますけれど、どうしても卸に頼ってしまうと、いわゆるメーカーでありながら下請け的な、これを作ってくださいということになると、われわれが自主的に新しいこういう柄で売っていこうとかが実現しにくい方向へ流れてしまいます。

直営でしっかり売る力を持つことが、利益面でもかなり貢献していると思いますし、先ほど言ったように、今4店舗ですけれども、また具体的な計画があるわけではありませんが、やはり少しずつ直営を増やしていきたいなというふうに考えております。50％じゃないですけれども、その辺りが利益が少しでも出るところかな、なんて思います。

あと一点、今後の問題というのは、原材料の安定確保です。鹿革自体、鹿は非常に繁殖のいい動物ですから、今、たとえば中国からかなり革が入ってきていますけれども、中国ではタンパク源として鹿肉をかなり食べますし、その副産物として革でも外貨が稼げるということで安定供給されています。繁殖がいいといいながらも、やっぱり天然の素材だけに、この原材料が入ってこないとわれわれ商売になりませんから、できるだけいろんなルートの鹿革を、いろんなところに鹿がいますので。今はどうしても中国産が多いのですけれども、これもしっかり、先ほどの話じゃないですけれども、研究をして違う産地のものも今後使うように意識的にやっています。鹿革を使わなかったら印傳といえませんから。

じゃあ自分で牧場作ってというわけにもなかなか現実的には難しいので、その辺がやっぱり、今すぐどうのこうの問題があるわけではないのですが、できることとすると、いろんな種類の鹿でも対応できるような技術力をアップしておくということは内部で何とかできると思います。ルーティーンの仕事に追われちゃうと研究というのはね、なかなか、どうしても後手後手になっちゃうのですけれども、その辺はしっかりやっておかないといけないのではないかなと思います。

【長沢】ではほんとに最後、「印傳屋さんらしさ」というのは、上原社長はどのようにお考えでしょうか。

【上原】そうですね、いくつかあると思いますけれど、とにかく印傳というものを作って販売して、会社名が「印傳屋」というのですから、印傳を私は非常に、自分の会社ですから当たり前ですけれど、ともかく愛していますし、これを少しずつ拡大したいとは思っています。

地についた拡大の仕方、決して大きくするばかりではなくって中身のある企業にすることが大事だと思いますし、そういう意味ではさっき言ったように、物事を考えるスパンを長く持って、今日、明日ももちろん大事ですけれども、それだけではなくって、先を見た行動を取っていくということが、これはうちが得意というか、うち特有の性質かななんて思います。

【長沢】ありがとうございました。たぶん日頃ビジネススクールで教わっているのとは随分違うお話だったかなと思います。むしろ欧州のラグジュアリーブランドと共通点が多いと思いますので、皆さんの中でよく受け止めて考えていただきたいなと思います。

今日は甲府から、印傳屋上原勇七の社長で14代目でいらっしゃる上原重樹様をお迎えして、貴重なご講演と、質疑応答にご丁寧に答えていただきました。最後に拍手をお願いします。どうもありがとうございました。（拍手）

［注］長沢伸也編著、早稲田大学ビジネススクール長沢研究室（植原行洋・須藤雅恵・島田了）共著『地場・伝統産業のプレミアムブランド戦略――経験価値を生む技術経営』同友館、２００９年
長沢伸也編著、福永輝彦・小山太郎・岩谷昌樹共著『グッチの戦略――名門を3度よみがえらせた驚異のブランドイノベーション』東洋経済新報社、２０１４年

編者

長沢　伸也（ながさわ　しんや）

1955年　新潟市生まれ。

早稲田大学ビジネススクール（大学院経営管理研究科）および商学研究科博士後期課程商学専攻教授。同大学ラグジュアリーブランディング研究所所長。仏ESSECビジネススクール・パリ政治学院各客員教授を歴任。工学博士（早稲田大学）。専門はデザイン＆ブランドイノベーション・マネジメント。商品開発・管理学会長。

主な著書に『伝統的工芸品ブランドの感性マーケティング』『地場ものづくりブランドの感性マーケティング』（同友館、2019年）、『銀座の会社の感性マーケティング』（同友館、2018年）、『ホンダらしさとワイガヤ』（同友館、2016年）、『高くても売れるブランドをつくる！』『アミューズメントの感性マーケティング』（同友館、2015年）、『ジャパン・ブランドの創造』（同友館、2014年）、『感性マーケティングの実践』（同友館、2013年）、『京友禅「千總」』（同友館、2010年）、『老舗ブランド企業の経験価値創造』（同友館、2006年）、『感性産業のブランディング』（海文堂、2018年）、『ラグジュアリーブランディングの実際』（海文堂、2018年）、『日本の“こだわり”が世界を魅了する』（海文堂、2017年）、『グッチの戦略』（東洋経済新報社、2014年）、『シャネルの戦略』（東洋経済新報社、2010年）、『ルイ・ヴィトンの法則』（東洋経済新報社、2007年）他多数。

訳書に『カプフェレ教授のラグジュアリー論』（監訳、同友館、2017年）、『ファッション＆ラグジュアリー企業のマネジメント』（共監訳、東洋経済新報社、2013年）、『ラグジュアリー戦略』（東洋経済新報社、2011年）などがある。

執筆協力者（講演者、掲載順、敬称略）

株式会社玉川堂 代表取締役社長（7代目）　玉川基行
株式会社松栄堂 代表取締役社長（12代目）　畑　正高
唐長 11代目当主　千田堅吉
唐長 IKUKO 代表　千田郁子
株式会社印傳屋上原勇七 代表取締役社長（14代目）　上原重樹

2020年8月1日　第1刷発行

老舗ものづくり企業のブランディング
——鎚起銅器・玉川堂、香老舗 松栄堂、
京唐紙・唐長、甲州印伝・印傳屋上原勇七——

編　者　長　沢　伸　也

発行者　脇　坂　康　弘

〒113-0033　東京都文京区本郷3-38-1
発行所　株式会社 同友館
TEL. 03(3813)3966
FAX. 03(3818)2774
URL　https://www.doyukan.co.jp/

乱丁・落丁はお取替えいたします。　三美印刷／松村製本所

ISBN 978-4-496-05474-7